低碳智库译丛

FISCAL POLICY TO MITIGATE CLIMATE CHANGE
A Guide for Policymakers

Ian W.H. Parry Ruud de Mooij Michael Keen

缓解气候变化的财政政策
决策者指南

伊恩·W.H.帕里 鲁德·德穆伊 迈克尔·基恩 主编

李陶亚 译

东北财经大学出版社
Dongbei University of Finance & Economics Press

大连

图书在版编目（CIP）数据

缓解气候变化的财政政策：决策者指南 / 帕里（Parry,I.W.H.）等主编；李陶亚译.
一大连：东北财经大学出版社，2016.3
（低碳智库译丛）
ISBN 978-7-5654-2207-2

Ⅰ．缓… Ⅱ．①帕… ②李… Ⅲ．财政政策-影响-气候变化-研究 Ⅳ．①F811.0②P467

中国版本图书馆CIP数据核字（2016）第008379号

东北财经大学出版社出版发行
　　大连市黑石礁尖山街217号　邮政编码　116025
　　教学支持：（0411）84710309
　　营销部：（0411）84710711
　　总编室：（0411）84710523
　　网　　址：http://www.dufep.cn
　　读者信箱：dufep@dufe.edu.cn
大连图腾彩色印刷有限公司印刷

幅面尺寸：170mm×240mm　字数：181千字　印张：13 1/4
2016年3月第1版　2016年3月第1次印刷
责任编辑：刘东威　刘　佳　　责任校对：吉美玲紫
封面设计：冀贵收　　　　版式设计：钟福建
定价：39.00元

版权所有 侵权必究　举报电话：（0411）84710523

"低碳智库译丛"总序

气候变化是当前人类面临的最大威胁，危及地球生态安全和人类生存与发展。采取应对气候变化的智慧行动可以推动创新、促进经济增长并带来诸如可持续发展、增强能源安全、改善公共健康和提高生活质量等广泛效益，增强国家安全和国际安全。全球已开展了应对气候变化的合作进程，并确立了未来控制地表温升不超过2℃的目标。其核心对策是控制和减少温室气体排放，其中主要是化石能源消费的CO_2排放。这既引起新的国际治理制度的建立和发展，也极大推动了世界范围内能源体系的革命性变革和经济社会发展方式的转变，低碳发展已成为世界潮流。

自工业革命以来，发达国家无节制地廉价消耗全球有限的化石能源等矿产资源，完成了工业化和现代化进程。在创造其当今经济社会高度发达的"工业文明"的同时，也造成世界范围内化石能源和金属矿产资源日趋紧缺，并引发了以气候变化为代表的全球生态危机，付出了严重的资源和环境代价。在全球应对气候变化减缓碳排放背景下，世界范围内正在掀起能源体系变革和转型的浪潮。当前以化石能源为支柱的传统高碳能源体系，将逐渐被以新能源和可再生能源为主体的新型低碳能源体系所取代。人类社会的经济发展不能再依赖地球有限的矿物资源，也不能再过度侵占和损害地球的环境空间，要使人类社会形态由当前不可持续的工业文明向人与自然相和谐、经济社会与资源环境相协调和可持续发展的生态文明的社会形态过渡。

应对气候变化，建设生态文明，需要发展理念和消费观念的创新：要由片面追求经济产出和生产效率为核心的工业文明发展理念转变到人与自然、经济与环境、人与社会和谐和可持续发展的生态文明的发展理念；由过度追求物质享受的福利最大化的消费理念转变为更加注重精神文明和文化文明的健康、适度的消费理念；不再片面地追求GDP增长的数量、个人财富的积累和物质享受，而是全面权衡协调经济发展、社会进步和环境保护，注重经济和社会发展的质量和效益。经济发展不再盲目向自然界摄取资源、排放废物，而要寻求人与自然和谐相处的舒适的生活环境，使良好的生态环境成为最普惠的公共物品和最公平的社会福祉。高水平的生活质量需要大家共同拥有、共同体验，这将促进社会公共财富的积累和共享，促进世界各国和社会各阶层的合作与共赢。因此，传统工业文明的发展理论和评价方法学已不能适应生态文明建设的发展理念和目标，需要发展以生态文明为指导的发展理论和评价方法学。

政府间气候变化专门委员会（IPCC）第五次评估报告在进一步强化人为活动的温室气体排放是引起当前气候变化的主要原因这一科学结论的同时，给出全球实现控制温升不超过2℃目标的排放路径。未来全球需要大幅度减排，各国经济社会持续发展都将面临碳排放空间不足的挑战。因此，地球环境容量空间作为紧缺公共资源的属性日趋凸现，碳排放空间将成为比劳动力和资本更为紧缺的资源和生产要素。提高有限碳排放空间利用的经济产出价值就成为突破资源环境制约、实现人与自然和谐发展的根本途径。广泛发展的碳税和碳市场机制下的"碳价"将占用环境容量的价值显性化、货币化，将占用环境空间的社会成本内部化。"碳价"信号将引导社会资金投向节能和新能源技术，促进能源体系变革和经济社会低碳转型。能源和气候经济学的发展越来越关注"碳生产率"的研究，努力提高能源消费中单位碳排放即占用单位环境容量的产出效益。到2050年世界GDP将增加到2010年的3倍左右，而碳排放则需要减少约50%，因此碳生产率需要提高6倍左右，年提高率需达4.5%以上，远高于工业革命以来劳动生产率和资本产出率提高的速度。这需要创新的能源经济学和气候经济学理论来引导能源的革命性变革和经济发展方式的变革，从而实现低碳经济的发展路径。

经济发展、社会进步、环境保护是可持续发展的三大支柱，三者互相依存。当前应对气候变化的关键在于如何平衡促进经济社会持续发展与管理气候风险的关系。气候变化使人类面临不可逆转的生态灾难的风险，而这种风险的概率和后果以及当前适应和减缓行动的效果都有较大的不确定性。国际社会对于减排目标的确立和国际制度的建设是在科学不确定情况下的政治决策，因此需要系统研究当前减缓气候变化成本与其长期效益之间的权衡和分析方法；研究权衡气候变化的影响和损害、适应的成本和效果、减缓的投入和发展损失之间关系的评价方法和模型手段；研究不同发展阶段国家的碳排放规律及减缓的潜力、成本与实施路径；研究全球如何公平地分配未来的碳排放空间，权衡"代际"公平和"国别"公平，从而研究和探索经济社会发展与管控气候变化风险的双赢策略。这些既是当前应对气候变化的国际和国别行动需要解决的实际问题，也是国际科学研究的重要学术前沿和方向。

当前，国际学术界出现新气候经济的研究动向，不仅关注气候变化的影响与损失、减排成本与收益等传统经济学概念，更关注控制气候风险的同时实现经济持久增长，把应对气候变化转化为新的发展机遇；在国际治理制度层面，不仅关注不同国家间责任和义务的公平分担，更关注实现世界发展机遇共享，促进各国合作共赢。理论和方法学研究在微观层面将从单纯项目技术经济评价扩展到全生命周期的资源、环境协同效益分析，在宏观战略层面将研究实现高效、安全、清洁、低碳新型能源体系变革目标下先进技术发展路线图及相应模型体系和评价方法，在国际层面将研究在"碳价"机制下扩展先进能源技术合作和技术转移的双赢机制和分析方法学。

我国自改革开放以来，经济发展取得举世瞩目的成就。但快速增长的能源消费不仅使我国当前的 CO_2 排放已占世界 1/4 以上，也是造成国内资源趋紧、环境污染严重、自然生态退化严峻形势的主要原因。因此，推动能源革命，实现低碳发展，既是我国实现经济社会与资源环境协调和可持续发展的迫切需要，也是应对全球气候变化、减缓 CO_2 排放的战略选择，两者目标、措施一致，具有显著的协同效应。我国统筹国内国际两个大局，积极推动生态文明建设，把实现绿色发展、循环发展、低碳发展作为基本途径。自"十一五"以来制定实施并不断强化积极的节能和 CO_2 减排目标及能源结构优化目标，并以此为导向，促进经济发展方式的根本性转变。我国也需要发展面向生态文明转型的创新理论和分析方法作为指导。

先进能源的技术创新是实现绿色低碳发展的重要支撑。先进能源技术越来越成为国际技术竞争的前沿和热点领域，成为世界大国战略必争的高新科技产业，也将带来新的经济增长点、新的市场和新的就业机会。低碳技术和低碳发展能力正在成为一个国家的核心竞争力。因此，我国必须实施创新驱动战略，创新发展理念、发展路径和技术路线，加大先进能源技术的研发和产业化力度，打造低碳技术和产业的核心竞争力，才能从根本上在全球低碳发展潮流中占据优势，在国际谈判中占据主动和引导地位。与之相应，我国也需要在理论和方法学研究领域走在前列，在国际上发挥积极的引领作用。

应对气候变化关乎人类社会的可持续发展，全球合作行动关乎各国的发展权益和国际义务，因此相关理论、模型体系和方法学的研究非常活跃，成为相关学科的前沿和热点。由于各国研究机构背景不同，思想观念和价值取向不同，尽管所采用的方法学和分析模型大体类似，但各自对不同类型国家发展现状和规律的理解、把握和判断的差异，以及各自模型运转机理、参数选择、政策设计等主观因素的差异，特别是对责任和义务分担的"公平性"的理念和度量准则的差异，往往会使研究结果、结论和政策建议产生较大差别。当前在以发达国家研究机构为主导的研究结果和结论中，往往忽略发展中国家的发展需求，高估了发展中国家减排潜力而低估了其减排障碍和成本，从而过多地向发展中国家转移减排责任和义务。世界各国因国情不同、发展阶段不同，可持续发展优先领域和主要矛盾不同，因此各国向低碳转型的方式和路径也不同。各国在全球应对气候变化目标下实现包容式发展，都需要发展和采用各具特色的分析工具和评价方法学，进行战略研究、政策设计和效果评估，为决策和实施提供科学支撑。因此，我国也必须自主研发相应的理论框架、模型体系和分析方法学，在国际学术前沿占据一席之地，争取发挥引领作用，并以创新的理论和方法学，指导我国向绿色低碳发展转型，实现应对全球气候变化与自身可持续发展的双赢。

　　本译丛力图选择翻译国外最新最有代表性的学术论著，便于我国相关科技工作者和管理干部掌握国际学术动向，启发思路，开拓视野，以期对我国应对全球气候变化和国内低碳发展转型的理论研究、政策设计和战略部署有参考和借鉴作用。

何建坤

2015 年 4 月 25 日

当今和未来数年，全球变暖问题将带来重大的政策挑战，对宏观经济表现和经济福利产生潜在的深远影响。

重要的是，这些挑战会影响一国的税收和支出体系。全世界需要制定战略以适应气候变化带来的中长期影响，以及这些战略对财政体系的影响。然而，更为紧迫的是制定恰当的"减缓"政策，即控制温室气体（GHG）排放。这一点已经达成了广泛共识，但是对于（近期和远期）减缓政策的规模以及发展中国家承担的责任，还存在分歧。大部分研究表明，如果缺少重大的减排行动，到21世纪末，全球气温将比前工业化水平上升2.5℃~6.5℃。与此相关的不确定因素和风险也是巨大的。

在这方面，税收和类似的定价工具可以发挥重要作用。我们既要了解这些工具可能产生的环境效用，也要清楚它们对竞争力、不同家庭群体和整体财政状况的影响。

这本书试图为决策者们在设计和实施气候减缓政策时提供实用的指导。它的核心前提是财政工具——碳税或者类似于总量控制与交易（含额度拍卖）的工具——能够且应该成为减少与能源相关的二氧化碳排放（约占预期温室气体排放量的70%）政策的核心。这些定价政策也能够成为政府收入的一项新的巨大来源，有助于应对财政整顿的挑战，并在更大范围上建立一个更加高效和公平的税收体系。所以，应对气候变化问题既是挑战也是机遇。

本书的各章节已经表明，上述前提在经济学家中获得了多么强烈的认同（仅此一次）。当然，对于一些重要领域存在的较大分歧，本书的许多章节也有所涉及。但是得到广泛认可的是，如果要有效且高效地解决气候变化问题，财政工具必须要发挥核心作用。我希望本书中由一些这个领域知名专家提出的指导原则，不仅能够影响当下的争论，更有助于支持那些迫切需要开展的行动。

克里斯蒂娜·拉加德
国际货币基金组织总裁

↘ 目　录

第3章　稳定全球气候的碳排放定价　/60

瓦伦蒂娜·波塞提　卡罗·卡拉罗　谢尔盖·帕利采夫　约翰·雷利

第4章　碳排放的社会成本：在政策分析中评估碳排放量的
##　　　　减少　/79

查尔斯·格里菲斯　伊丽莎白·科皮兹　阿列克斯·马腾

克里斯·摩尔　史蒂夫·纽博尔德　安·沃尔弗顿

第8章   碳定价：从经验中获得教训   /156
汤姆·泰坦伯格

技术术语和缩写词汇表   /186

编著者   /192

面向决策者的综述

鲁德·德穆伊　伊恩·帕里　迈克尔·基恩
国际货币基金组织财政事务部

　　科学证据显示，气候变化会带来极为严重的威胁（见专栏 I-1），21世纪国际社会的一项重大举措便是减少大气中累积的温室气体（GHG），这将成为制定适当政策的重要组成部分。如果放任不管，气候变化有可能产生日益严重的宏观经济影响——特别是对于那些财力有限的国家，更加难以应对高温、海平面升高、水资源减少的挑战。

　　许多国家已经做出控制排放量的承诺，2011 年 12 月在南非德班举办的气候变化大会上，各方还承诺制定一项在 2020 年实施的全球减排协定。尽管存在着各种落实此类承诺的有效机制，尚不能完全确定德班协定能否兑现其承诺，但是可以预见，气候政策仍将以碎片化、自下而上的方式出现。换句话说，减排政策的实施只是刚刚开始：全球温室气体排放量的 90% 以上目前还没有被纳入正式的减排计划中。

　　为了应对这项挑战，关键是利用最高效的减排工具，即利用所有可能的机会进行减排，而不只是利用那些狭隘的政策，从而错失大量机会。同样重要的是，要应用那些包含减排成本（用以实现一定量的减排）的政策，不只是出于自身目的的考虑，还要提高未来一段时期政策的可持续性。

专栏 I-1   **气候变化挑战**

　　全球每年燃烧化石能源产生的二氧化碳从1900年的20亿吨，增长到现在的300亿吨，如果缺少减排措施，预计在21世纪末将达到2000年排放量的3倍。未来的碳排放增长大部分源自发展中国家：这些国家的二氧化碳排放量现已超过工业化国家。到2030年，中国和印度的排放量之和预计将占到全球碳排放量的1/3。土地利用的变化（主要是森林砍伐）将会额外产生大约55亿吨二氧化碳，尽管其增速要显著低于化石燃料的排放。

　　大气中二氧化碳的浓度从工业革命之前的280ppm（百万分之一）增长到现在的大约390ppm，预计到22世纪将达到700ppm~900ppm。大约一半的二氧化碳排放累积在大气中（其他的被海洋和森林吸收）。如果算上非二氧化碳排放，如甲烷和一氧化碳，那么二氧化碳当量浓度可以达到约440ppm。到21世纪中叶，二氧化碳当量中温室气体排放浓度预计将达到550ppm（约相当于工业革命前水平的2倍）。

　　自1900年以来，全球平均地表温度已经上升了0.75℃，这主要是温室气体浓度增加造成的。如果二氧化碳当量浓度分别处于450 ppm、550ppm和650ppm的水平，那么与工业革命前相比，一旦气候体系随之稳定（需要数十年的时间），温度将相应提高2.1℃、2.9℃和3.6℃。但由于我们对气候变化造成的影响知之甚少，实际温度变化可能会高于（或低于）上述预测。

　　气候变暖造成的实际影响包括：降水减少或增加、海平面上升（风暴潮的放大效应）、更加密集或频繁出现的极端天气事件，以及更多的灾难性后果，如失控的气候变暖、冰山融化或者海洋食物链遭到破坏（海洋温度上升或酸性物质增加）。这些影响所产生的危害是难以准确估计的，这是由于很难对小概率、灾难性事件进行估算，区域性气候影响存在的不确定性（包括季风和沙漠的转移），以及区域发展、技术变化（包括适应性技术，如能够抵抗气候变化和洪水的庄稼）和其他政策（例如，试图消灭疟疾或全球食品市场的整合）的不确定性。气候变化造成的全球性影响同样掩盖了不同地区负担上的巨大差异——那些处于热带地区、低海拔和低收入的国家面临的风险最大，也最缺乏适应能力，而一些富裕的、温度适宜的国家则可能从中获益（例如，播种季节的延长）。

Source：Chapter 3,IPCC（2007）,and Aldy and others（2010）.

最符合这两条标准的工具是提高税收收入的碳定价——碳税或进行额度拍卖的总量控制和交易体系——只要这些工具能够全面覆盖排放源。从这些财政工具中获得的收入可以显著满足财政整顿的需求——如果一国不选择执行此类政策，那么它们将不得不更多地依赖于其他减少赤字的手段。

但是，决策者们在出台碳定价法案时需要考虑许多问题，以下就是其中一些：

● 碳定价工具与监管手段（如能效标准或对可再生能源的要求）孰优孰劣？碳税和总量控制交易机制相比，哪个更可行？如果这些"理想状态"下的定价工具从一开始就受挫，是否还有其他可供选择的工具？

● 碳定价体系如何才能覆盖各类排放源？如何利用税收、克服执行中的难题（如处理竞争力和分配问题）并与其他工具（如技术政策）一同使用？如何协调不同国家之间的定价政策？

● 决策者认为什么才是合适的碳排放定价水平？

● 如何将林业部门纳入碳定价计划，实践中的可行性有多高？

● 发展中国家为了实现减排应优先推行哪些财政改革？

● （发展中国家）为气候项目募集资金，有哪些最为可行的财政工具以及如何进行设计？

● 我们能够从各种碳定价手段，如欧盟碳排放交易体系（ETS）或目前推行的各类碳税政策中汲取哪些经验？

尽管国际货币基金组织（IMF）不是一个环保组织，但是环保问题同样事关这个机构的使命，特别是当这些问题会对宏观绩效和财政政策产生重大影响时。气候变化问题显然关系到这两大方面，实际上，最近IMF

的工作便是处理由气候变化乃至更广泛的环境挑战所引发的财政问题[①]。在此基础上，2011年9月IMF的财政事务部举办了专家研讨会，会上提出了八项政策来解决上述问题，并对设计碳定价政策进行了讨论和评议。这些政策成果的最终版本也被收录在本书中。

准确地说，在设计减缓气候变化政策时，还存在着各种各样的讨论。但是，本书与众不同之处在于对财政政策的深度探讨，并提供有针对性的、可实施的政策建议。其他应对气候变化的讨论，如适应政策、增加科学知识、在极端气候条件下开发"最后解决"技术[②]等，不在此书的讨论范围内。

概述中以下部分是从本书各章中为决策者提供的一些实用经验。这些经验大部分都非常简单易懂——设计气候政策并不像第一眼看起来那么复杂。

第1章经验：综合性碳定价政策可以有效减少排放和降低成本

综合性碳定价政策旨在利用经济中减排的全部机会。由于碳排放价格包含在化石燃料、电力等的价格中，因此，可以促使发电行业使用其他能源，减少对电力、交通燃料、家庭与工业直接使用能源的需求。碳定价还能用于衡量不同碳减排措施的成本-收益，因为所有的行为激励都来自最后一吨减排的成本要与排放价格相当。此外，碳价格能够激励创新，提高能效并降低零碳技术或低碳技术的成本。从定义来看，监管政策本身，如要求使用可再生能源发电和遵守能效标准，效果远不如预期，这是因为它们只关注于非常狭窄的减排领域。监管政策同样会产生较高成本，除非它们允许那些排放成本较高的企业从那些较低成本的企业中购买碳减排额度。考虑一下这项挑战的规模——在未来数十年，把排放量降至维持"正常营业"产生的排放量中的一小部分——选择最高效、成本最低的减缓工具至关重要。

选择碳税还是碳排放交易机制其实并非那么重要，关键在于能否落实其中一个并顺利执行。设计上的重要细节包括全面覆盖各种排放源，避免

[①] 这些问题包括，例如，气候变化减缓和适应政策对宏观经济、财政和金融方面的影响；能源和其他环境税的设计；对能源补贴的测度以及当穷人减少时对穷人的保护；边境税调整以及对资源行业赋税。想了解更多信息，请登录www.imf.org/external/np/exr/facts/enviro.htm。

[②] "最后解决"技术包括"空气捕捉"过滤网，用于吸收大气和储存在地下（目前，这些技术尚未得到验证且成本极高）的二氧化碳。还包括"地球工程"技术，如太阳能辐射管理（向大气发射颗粒使阳光发生偏射），这项技术实施起来成本较低，但可能会产生危险的负面风险（如使整个地球过冷）。

浪费潜在收入（例如，在总量控制和交易体系中提供免费补贴，或者向非生产性目的的活动拨付款项）。对于总量控制和交易体系，还需要控制价格波动，这些体系也不适合那些尚未建立额度交易制度的国家。

如果碳定价政策在开始时难以实施，但经过审慎设计的管理政策，或者"综合税制项目"（Feebate）都能成为合理的选择。如果将能源行业每千瓦时节约的二氧化碳标准，再加上在汽车、电器、住宅等中应用的能效标准，可以创造出许多能够应用碳定价政策的减排机会。管理政策还能避免能源价格的大幅攀升（政治上极富挑战），因为无须将大量的碳税收入（或补贴）转化为更高的价格。但是，尽管如此，不同行业和企业之间大规模的额度交易同样有助于抑制这些监管政策的成本。更为可行的是，利用与这些监管政策类似的综合税制或课税/补贴（例如，对排放强度高的电力公司课税，而对排放强度低的提供补贴），绕开对额度交易的需求。监管政策或综合税制政策无论是否可行，最终都应向碳定价政策过渡，以提高政府收入、推动全面减排并促进国际合作。

第2章经验：碳定价设计的细节十分重要

为了提高环境有效性，有必要为碳定价政策打下正确的基础。从理论上来说，碳定价应按进入经济循环中（如源自石油精炼、煤矿、燃料进口商）燃料产生的碳成分进行定价，同时为工业设备中安装的碳捕捉技术提供税收返还。对燃料中包含的碳成分按不同比率进行定价，或者在不同燃料使用者之间变化价格，会对承担重税的燃料或最终用户产生过重的负担，而其他燃料或用户则负担过轻，这样都会影响成本-收益。从环境角度讲，电力税只是碳定价一个糟糕的替代品，因为前者错过了大部分减排机会。在燃料燃烧阶段（如发电机、工业锅炉）对碳排放定价，要对许多实体机构进行观测，但也做不到全覆盖（例如，小型排放者通常会获得豁免）。一些非二氧化碳温室气体排放会被直接纳入定价机制，或间接通过排放抵消额度，因为无论是开展监督还是检验都需要时间。

如果合理使用税收，综合性碳定价政策的成本并不会太高。合理使用税收包括减少对工作和资本积累的税收，取消公共债务，增加社会需要的公共服务（环境或其他）支出。在合理使用的情况下，从中期看，全部碳税（合理规模）成本相对于经济的比重是适当的，在发达国家会占到 GDP 的约 0.03%。但是，如果税收被浪费，政策成本要成倍增加。

尽管碳定价是促进清洁技术开发和实施最为重要的措施，但同样也需要经过审慎设计的支撑性技术政策。例如，由于"市场失灵"会导致碳定价和清洁技术的实施步伐过慢，但是一些过渡性激励措施还是需要的。定价刺激（例如，对技术应用提供补贴）能够更好地处理未来技术成本的不确定性，而非采用强制性手段实现技术应用，不顾及未来的应用条件。

战胜碳定价政策反对声音的政策选择也的确存在。高企的能源价格会伤害消费者，减少出口型、能源密集型企业的竞争力（如铝业和钢铁生产企业）。但是，这些影响不应被夸大，并部分通过削减以前存在的能源税（特别是对机动车和电力消费的税收）实现，因为碳定价将会使这些税收变得多余。另一个办法是通过财政系统进行补偿（例如，在澳大利亚，从碳定价中获得的税收可以用于帮助低收入家庭，减轻其个人所得税的负担）。对竞争力的关注可以通过为弱小企业提供过渡性生产补贴来实现（这要比向这些行业提供优惠性能源价格效果更好）。还可以对更大范围的税收体系进行调整，但是有可能会与自由贸易规定相冲突。

从国际视角来看，在排放大国设置最低价格是一种有力的积极做法。在二氧化碳价格上达成国际协议，并以此作为应对未来全球变暖的政策，要比每个参与国同意年度排放目标更容易实现。如果以最低价格的形式达成协议，将会为一些愿意设定相对更高碳价格的国家提供某种保护。[1]尽管一些国家会拒绝执行碳排放目标，但价格协议可以结合 10 年期累积允许的最大排放量（如果不在"碳预算"内，将被要求提高碳价格）。这样的协议需要一些条款（如受到国际机构的监督）来处理一些可能出现的情况，如个别国家会调整它们的能源税/补贴，从而降低以前碳价格的效用。

第 3、4 章的经验：研究表明在 2020 年前对排放量大的国家设定一个合理的碳价格起点将会是每吨二氧化碳 20 美元或更高

在考虑设定合适的二氧化碳价格（其他温室气体）时有两种方法。一

---

[1]　或者在执行总量交易体系的国家间就底价达成一致，而无须在各国碳排放总量上达成一致。

种是为全球气候稳定界定一个最终目标——这通常是在前工业化基础上预测的变暖均值（例如，这也许是一场政治过程，或道德准则或预防措施产生的结果）——使排放价格满足这一目标，在理想状态下只需要最低的减排成本。另一种方法是使排放价格反映每吨碳排放量造成的潜在环境危害。尽管存在着大量的不确定性和争议，无论哪一种方法都有政策可循。

　　将长期全球平均气温上升幅度控制在不高于工业化前水平2℃——这也是《联合国气候变化框架公约》提出的官方目标——这一目标虽雄心勃勃但有可能难以实现。正如图I-1所示，只有将温室气体中大气浓度稳定在450ppm二氧化碳当量（或接近于现在的水平），才能实现2℃的目标。经过一段不可避免的浓度"过度反应"时期，全球温室气体排放只有在一段可持续的时间内为负值，才能将二氧化碳当量浓度降至450ppm。无论是否能开发出减排技术（例如，利用生物质能发电，再加上碳捕捉和储存）——更不用说在全球范围内部署——以抵消其他温室气体排放，这些都值得高度怀疑。

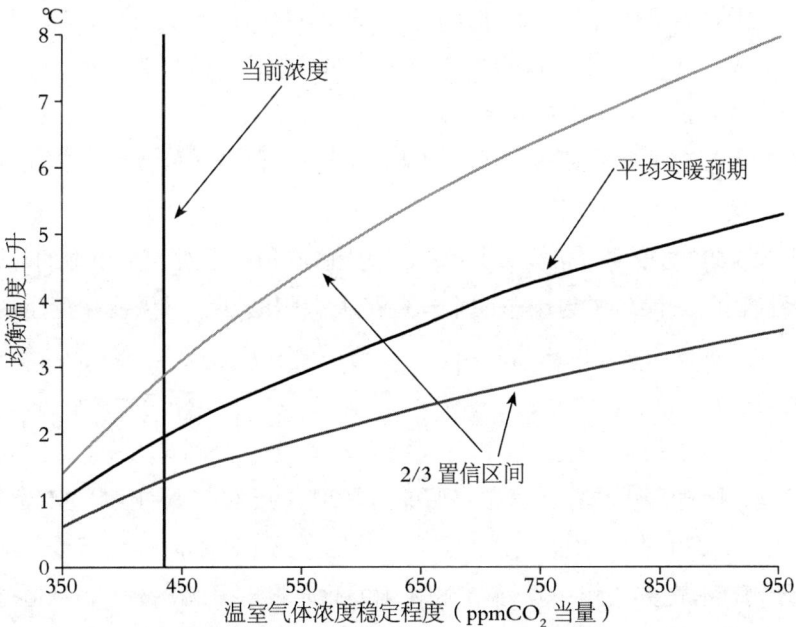

图I-1　在不同温室气体稳定浓度下较前工业化时期的长期温度变化

　　如果目标定得不那么严苛，比如将上升温度控制在 2.9℃~3.6℃以内，也许更为可行，但也充满风险。这些变暖的目标要求将大气中的温室气体浓度稳定在 550ppm 或 650ppm 二氧化碳当量，也就是在 2020 年以前，全球碳排放价格维持在每吨 20~40 美元之间。相比往常的结果，这些稳定目标将显著减少极端气候事件出现的风险，但是这一风险并未被化解掉（需要对最终技术加大投资）。推迟减缓行动，特别是新兴经济体的减缓行动，将会极大地提高气候稳定的全球成本，使得更加严苛的目标难以实现。例如，如果所有国家采取行动的时间被推到 2030 年以后，那么 550ppm 的目标将在技术上无法实现。

　　通过实施补偿支付，可以鼓励排放量大的主要发展中国家减少温室气体排放。这可以用直补（在某一税制下）或慷慨的排放分配方案（在某一交易体系下）实现，但是这两种方法都面临谈判的挑战。与此同时，绿色气候基金（GCF）可以向发展中经济体提供融资，增加了支持 GCF 的创新资源的需求。

　　由于政策呈碎片化（而非是一个国际稳定目标的一部分），基于碳排放社会成本（socia cost of carbon，SCC）的排放价格应更为可靠。碳排放社会成本是每增加 1 吨二氧化碳排放造成未来气候变化危害折合的现值。根据美国政府的最新研究，2010 年每吨碳排放价格估值为 21.4 美元（以 2007 年美元计），按实际价格每年增长 2 到 3 个百分点（如这一价格与温度上升 3.6℃的短期价格大致相当）。这些估值是基于对大量模型的评估，将经简化的气候体系与动态的全球经济模型相结合。气候变化产生的危害，包括对全球农业的未来影响、避免海平面上升的成本、健康影响（如热浪袭击）、生态影响（如物种减少）以及更多极端事件产生的危害。

　　SCC 对于极端气候风险和折现极为敏感。全球变暖是一个代际相传的问题，因为碳排放在大气中停留的时间相当长（二氧化碳大约滞留 100 年），而更高的大气浓度所导致的气候升温在几十年的时间内都难以察觉（由于海洋有散热的作用）。英国和德国的政府报告提醒，例如，从道德角度讲，对子孙后代（未出生）的影响，在这种情况下 SCC 会更高。如果对未来极端气候事件赋予更高权重，或者对低收入国家的影响被赋予了不合比例的高权重，那么SCC将会更高。尽管如此，如果其他国家缺少碳定价，单个国家也不希望每吨碳价格在25美元以上。

在购买力平价基础上，SCC估值可以被应用到主要排放国。在理想状态下，不同国家的碳排放应按同一比率进行折现，因为这些国家引发的危害是相同的。那些认为低排放发展中国家可以豁免（例如通过富裕国家进行补偿）的理由，是行不通的。

考虑到未来将会加深对气候变化严重性的认识，未来数年在高排放国家建立碳排放定价变得日益重要，甚至超过协商解决长期目标的重要性。碳定价政策制定后，在未来也可以进行调整，因为对气候稳定紧迫性的认识正在趋同。无论是最低成本的气候稳定还是基于危害评估，一个较为合理的最低价格大约是每吨20美元。制定一个可靠的时间表，渐进地提高碳价格也同样重要，从而为长期的清洁能源投资建立稳定的激励机制。

第5章的经验：如果碳能够被测度，可以由国家负担森林碳汇

森林碳汇占到21世纪全球二氧化碳减排量的1/4。通过减少滥砍滥伐、植树造林、加强对森林特别是热带地区森林的管理，可以实现这一碳储存形式。

大量小型项目可以促进森林碳汇，但是国家项目更容易管理。把小项目做大会很难，特别是考虑到技术水平（如NGO的技术能力）以及泄露的风险（如在某地减少滥砍滥伐的效果会被其他地区增加的滥砍滥伐所抵消）。此外，判断碳汇项目是否是"额外的"（例如，即使没有项目激励，也能不断前进）非常困难（意味着存在"被浪费"的项目资金）。国家级项目前景更加明朗，可以在主要热带森林国家（国家级项目还可以使政府灵活处理关于林地的多重申请）间进行协调（如统一的排放价格）。

但是，要审慎选择基准。其中一个办法（国家级）是实施税收补贴计划（要定期更新基准）。例如，如果森林中某块林地增加的碳汇高于基年的碳汇量，就可以向其提供补贴，而对于低于基年水平的林地则要收取费用。这一计划在税收上是中性的（尽管一些碳汇活动也许不是额外的）。计算碳汇量是非常困难的（如由于树种、树龄和收获期不同而发生变化），但是，这并非是永久性的。如果缺少对碳储存的可靠评估，可以选取与二氧化碳类似的数据，如森林覆盖率、根据树种和当地气候进行调整，从而计算补贴。在理想状态下，支付的补贴是基于年度基准，以震慑早收和对森林防火准备不足。

第6章的经验：低排放发展中国家应首先基于自身利益进行能源价格改革

大多数低收入国家对当前和未来的二氧化碳排放几乎不会产生影响，因此，让它们采取成本高昂的减排措施也就缺乏动力。尽管如此，排放量较低的发展中经济体也能发挥关键作用，帮助找到应对气候变化挑战有效且效率较高的全球应对措施：既要防止碳泄漏，这是由于高排放国家减排导致排放转移造成的，还要在当地找到相对便宜的减排方式。至少，可以利用气候融资（国际抵消项目以及气候基金中的直接投资）促进低收入国家进行减排。

关于政策改革，从当地角度看，低收入国家应使"能源价格走上正轨"，这也会有益于解决气候问题。一是减少对化石燃料的补贴（特别是对高碳燃料的消费者补贴）。尽管这些补贴从分配的角度上是合理的，但是通过更有针对性的政策（如安全网、对基础教育的投资）可以更好地消除这种担忧，而不是人为地压低能源价格（虽然能使人人获益，但通常对富人比穷人更为有利）。二是对能源课以适当税负。对税收的考虑应包含在增值税下对能源产品的消费。实际上，发展中国家热衷于对能源课税，因为这些国家缺少有力的监管且征缴困难，这些都影响到财政工具的有效性。对能源课税，日后应包含对当地环境产生的潜在危害（如本地污染对人体健康造成的风险影响）以及其他由于使用燃料所引发的负面影响（如交通拥堵）。

第7章的经验：尽管存在其他选择，对国际航空和海运收费有望成为气候融资的一项来源

对国际航空和海运燃料排放进行碳定价正在成为气候融资的诱人来源，因为各国政府并没有对这部分税基产生明确诉求。此外，无论是从环境角度还是更宽泛的财政角度看，这些燃料目前还没有被课税（如航空客票得以免除增值税），并且能够更为直接地进行监管（如对燃料分销商）。

这笔费用需要在国际层面进行协调，以限制避税，应对对竞争力的担忧。为了确保发展中经济体及早参与，并激发这些国家更广泛地参与定价协定，可以提供适当补偿，但是执行计划应确保可行性。

对碳排放定价且取消化石燃料补贴的呼声同样很高。正如之前强调的，碳定价应成为减缓措施的核心，并促进气候融资中的私营部分在发展中经济体发挥关键作用。取消燃油补贴同样将带来积极的减缓效应。这些定价改革将产生一笔巨大的新收入——发达国家实施碳定价一年将产生约2 500亿美元的收入，并从补贴改革中获得400亿～600亿美元的收入——但是在当前的财政环境下，各国政府也许不会把这笔国内收入用于国际目的。

通过适当的财政工具也可以获得收入，但是由此产生的成本和减缓效应却难以平衡。对于个人所得税、企业所得所和增值税（或消费税），建议是首先缩小税收豁免和其他税收优惠的范围，因为这种办法要比提高整体税率少一些扭曲。另一种办法是对金融行业课税，但是对金融活动征税要比对金融交易征税效率更高（这也是普遍提法）。

第8章的经验：碳定价计划已经积累了一定经验

到目前为止，市场化的减排政策实施效果良好，与监管政策相比不仅有效而且成本相对较低。但是，政策的最大效应还没有发挥出来，部分是由于一些政策设计偏离了经济效率，部分是由于受到优惠待遇和豁免（例如，在斯堪的纳维亚国家，碳税的税率根据最终用户的不同波动较大）。市场化政策同样有助于创新和采用减排技术（尽管这部分收益并没有预期的大）。碳泄漏效应到目前为止并不算严重。

碳定价通常会采取"混合"的形式，即包含上游和下游因素，以及碳交易下的排放税。例如，在澳大利亚，大量下游排放企业被纳入总量交易和控制体系，而更多分散的来源（如家庭采暖和交通使用的燃料）则被纳入对燃料经销商的课税中。尽管这些体系应逐渐过渡到一个单一的、综合性定价工具里，但是眼下这些体系仍然在有效运行，并覆盖绝大部分与能源相关的二氧化碳排放。但是要求控制碳排放交易体系价格波动的规定需要统一不同行业的碳价格（以降低成本）。

尽管《京都议定书》寻求同时控制六种温室气体，并将其纳入一个统一的二氧化碳当量指数中，但是还没有一个项目能够覆盖所有这些气体。为了便于管理，大多数项目只关注与能源相关的二氧化碳排放，但是随着监督和检验能力的提高，许多项目正在试图覆盖更多的气体。

在交易体系中价格波动已经成为非常令人担心的问题（这方面的经验只局限于发达经济体）。总量控制和交易系统通常通过配额存储（如果预期额度价格会上涨，允许机构将配额储存起来以备后用）和预先拍卖（允许机构以现在的价格购买额度以备之后几年使用）。配额借贷（允许机构在指定日期前使用配额）则更为严格，因为担心企业会对所欠配额违约（虽然这一点已经不再是问题）。如果这些条款能够有效执行，也就不太需要在价格剧烈波动的基础上向碳税过渡。

从碳税和配额拍卖中获得的收入已经被用于减少其他税收、对工业进行补偿、抵消对家庭的累退影响、促进可再生能源和能效项目。利用税收补偿工业的做法已经逐渐减少，但是随着预支收入的价值升值，出现过度补偿（早期的免费配额分配，使发电企业从欧盟交易体系中获得了额外利润，但是未来的ETS配额大部分将被拍卖）。正如我们推荐的，一些项目（如在澳大利亚）通过对宏观税收体系的累进调整，已经解决了对低收入家庭的负面影响。

制定排放"抵消"条款是降低总量和控制交易体系的普遍做法。但是这一做法的挑战是，要确保在正式计划以外的配额减排可以被计算且不会以任何途径产生（没有抵消配额）。出于对诚信的担心，大部分项目对抵消进行限制，但是新的方法是区分可靠的抵消（经允许的）和不那么可靠的抵消（被拒绝的）。在碳税下，抵消不需要包含在碳价中，但是如果被使用，未被课税的行业将会完全失控。无论在何种体系下，随着检验技术的提高，抵消手段可以被渐进引入（如增加发展中国家的融资）。

财政部长的作用

到目前为止，环境部长是参与气候变化讨论最多的人。最后一个经验是，财政部门要更加积极地参与碳定价政策的制定，特别是考虑到数量可观的税收收入，以及这些工具将成为现有能源税收体系的一个自然延伸。

参考资料和延伸阅读

For further discussion on the design of climate mitigation policies,see the following:

Aldy, Joseph, Alan J. Krupnick, Richard G. Newell, Ian W. H. Parry, and William A. Pizer, 2010, "Designing Climate Mitigation Policy," *Journal of Economic Literature*, Vol.48, pp.903-34.

Nordhaus, William D., 2008, *A Question of Balance: Weighing the Options on Global Warming Policies*(New Haven, Connecticut: Yale University Press).

Stern, Nicholas, 2007, *The Economics of Climate Change: The Stern Review*(Cambridge, UK: Cambridge University Press).

For more details on the science of global warming,see:

IPCC, 2007. *Climate Change 2007: The Physical Science Basis*. Contribution of Working Group I to the Fourth Assessment Report of the Intergovernmental Panel on Climate Change (New York: Cambridge University Press).

[第1章]

减少 CO_2 排放的最佳政策工具是什么?

艾伦·克鲁普尼克

美国未来资源研究所

伊恩·帕里

国际货币基金组织财政事务部门①

决策者所需的关键信息

● 碳定价政策（碳税和排放交易体系）是基于有效性、最小成本和促进清洁技术投资而言的最佳工具。

● 然而，细节设计很重要。政策应该具有全面性，能够增加收入并且被应用于社会性的生产方式。排放交易体系也需要流动的额度交易市场（例如，大量的市场参与者和机构行使财产权）和价格稳定条款。

● 碳定价政策实施起来具有挑战性，然而，部分原因是由于家庭和（贸易敏感）行业承担的负担。这些负担相比其他工具更为严峻。

● 在缺乏碳定价的情况下，一揽子监管措施能够暂时成为一个合理（即便不是最好的）的选择。然而，它们必须经过仔细设计后，在可能的范围内、在所有部门中发掘减缓的机会，并需要大量的额度交易来控制成本。

---

① 我们感谢 Joe Aldy，Terry Dinan，Michael Keen，Chris Moore，Richard Morgenstern，Andrew Stocking 和 Tom Tietenberg 提出的建设性评论和建议。

> ● 一系列的"综合税制"（税/补贴政策）政策也许更有发展前途，因为这样避免了对额度交易的需求。
>
> ● 其他单独的政策（如对可再生能源的要求）通常是碳定价或其他综合性监管/综合税制政策欠佳的替代品。

尽管美国国会没有成功通过总量控制交易立法来控制温室气体（GHG）的排放，但是全世界甚至美国对制定高效和有效的政策来减缓气候变化的热度并没有减退。在2011年德班气候变化会议上，南非（COP-17）作为参与国之一，同意在2015年之前尝试达成一项国际温室气体排放控制制度，该制度计划于2020年在发达国家和发展中国家实行。然而，谈判结果表明，各国需要采取有针对性的政策来减少排放，特别是约占全球温室气体70%的化石燃料产生的二氧化碳排放。而对于减少二氧化碳排放的工具（一种或多种）选择，则是一个复杂的政策决议。

一方面，存在着多种多样可供选择的工具，既包括市场化工具如碳税和总量控制交易系统，也包括机动车燃料经济性标准、排放标准和鼓励可再生燃料等工具。（主要选择解读见专栏1-1）

专栏1-1　　　　　**缓解二氧化碳排放的主要适当工具**

碳税。在理想状态下，碳税可以根据燃料中的碳含量应用于化石燃料供应链的上游，或者对工业烟囱排放的二氧化碳课税。

总量控制和交易系统。这类政策对排放量进行控制，要求参与企业获得排放每吨（潜在或实际）二氧化碳的额度。政府对额度数量进行控制，并在覆盖的范围内进行交易，形成一个额度的市场价格。而这些政策同样适用于根据燃料的碳含量确定的燃料上游或者在排放的临界点。

对个人使用的燃料（如煤）、电或者机动车均课税。

能源效率标准。这类政策应用于机动车的做法是，对不同公司出售的机动车的平均燃油经济性（公里/升）设置最低要求，或者对不同的机动车每公里释放的二氧化碳量设置（几乎等价的）最高比率。理论上，额度交易让一些生产者（针对大型车辆）从高于能效标准的生产者手中购买额度，从而允许他们以低于标准的能效运行。这些标准也能够被应用于提高新建建筑、家用电器和其他电力耐用品的能效。

排放标准。对于能源行业，这项政策对平均每个发电厂每千瓦时排放的二氧化碳设置最高限制。同样，通过允许排放量大的发电厂从其他低于标准的发电厂中购买额度，使它们能够以高于标准的排放量运转，从而展现了适当的灵活性。

鼓励可再生燃料。鼓励可再生能源发电的政策包括可再生能源组合标准（一家发电厂的燃料组合中可再生能源所占的最小比例）、对可再生能源发电的补贴和上网电价补贴（使用可再生能源发电的担保价格）。

综合税制。对于机动车的销售而言，综合税制是根据新车每公里CO_2排放量超出一个"节点"的部分进行收费，而对低于该点的车辆进行退税（或补贴）。同样，在能源行业，综合税制的应用是对发电厂平均每千瓦时发电量与"节点"之间的差额进行收费，对低于该点的发电厂进行退税。综合税制在设计上可以增加收入，也可以保持中性，这取决于"节点"的设定是低于还是相当于行业平均排放率。

监管组合。这类组合包括一套独立的监管政策，用于开发许多碳减排机会，否则的话，这些机会将在低于综合排放价格下被发掘。例如，这个组合也许包括一项适用于电力行业的排放标准和各种关于机动车能效和电力耐用品的标准。此外，类似于这些监管措施的综合税制政策也可以包含在这一政策框架内。

Source：Authors.

此外，政策制定者也许会关心多重标准，包括以下几项：

• 效用。在短期内减少二氧化碳排放。

• 经济成本——成本效益。在既定减排量下，使经济体负担最小的政策（用来解释政府增加的收入）。

• 处理未来燃料价格不确定性的能力，可利用的减排技术等。

• 对不同收入群体和行业的分配效应，这与公平性、竞争力和可承受度有关。

• 促进清洁技术发展和部署，与长期效用相关。

这一章提供了一个框架，用于评价除上述标准外可供选择的政策工具，并有助于了解潜在的强大财政工具（例如，碳税或者带有额度拍卖的类似总量限额交易的工具）。接下来的五节将分别讨论上述每一个标准，在本章的最后会有一个矩阵式的总结，即根据不同的标准而分别制定的政策。这些讨论主要来自于经济学文献中关于工具选择的一些真知灼见（见参考阅读材料）。

为明确起见，政策的（大致）比较是基于对二氧化碳排放产生的相同（表面或隐含）的价格或者是它们对能源价格产生的相同的影响。例如，当电力税与一项经济领域的碳税相比较时，政策就被假定为对电价产生同样的效果。这意味着两种政策在实现减排的程度上都实现了成本效益，但是碳税下的减排量会大得多。

这一讨论不具有广泛的综合性。很多其他的政策，即使它们产生的环境效益比书里提到的工具要小得多，但是这些政策也能够合理地体现出气候因素（例如，对于混合动力车的生物燃料要求或税收抵免）。此外我们的标准也没有穷尽：政策制定者可能也会关心国际协定谈判和国际碳市场的发展（促进资金和技术流动）。第一个很难去测度，原则上尽管所有的市场化监管方式都可以通过提供适当的额度来促进碳市场的发展，但是市场的广度有赖于减缓工具下覆盖的国内碳排放的比例。[1]

1.1 环境效用

一项政策的效用取决于在整个经济中减少（与能源相关的）二氧化碳排放可能性的能力。可以将存在的可能性分为以下四种类型：

● 电力行业混合燃料。通过将发电所用的高端燃料转变成低碳燃料（天然气、燃油）或者无碳燃料（核能、水电、风能、太阳能、地热能），

---

① 其他可能的标准在这里不予考虑，如管理成本、监测和实施的难易和精确度（详见第2章关于这个话题的相关讨论）。需要进一步说明的是，我们讨论的政策是宏观的而非细节的。到目前为止实施的总量控制和交易体系相当复杂（见第8章），但是其他政策诸如碳税也是同样的，都要经过立法和监管过程。这些细节（例如，被豁免的领域或者政策收入的拨付）是否会影响到一般性的结论，还需要进一步探讨。

可以减少每千瓦时平均二氧化碳排放量。同样，通过技术来提高发电设备效率（例如，减少生产设备每千瓦时的燃料需求），也能减少碳排放强度。碳捕获与封存（CCS）技术也许最终能够被证明是可行的，从而阻止化石燃料发电厂释放二氧化碳。

● 电力行业输出。通过节电技术（例如，节能灯）和减少耗电耐用品的使用（例如，少开空调），能够减少住宅及工业（包括商业）用电需求。[①]

● 家庭与工业使用的无电燃料。减少家庭、商店、工厂和办公室直接使用的燃料（例如，天然气）。

● 运输燃料。通过减少车辆的出行以及提高车用燃料经济性，能够减少运输燃料的消耗。

1.1.1 市场导向型政策

综合性（上游）政策。一项能够有效减少二氧化碳排放的政策是，根据每种燃料的碳含量，按比例将碳税应用于化石燃料供给链的上游（且下游通过利用碳捕捉与封存技术捕获二氧化碳获得返还）。这项课税制度能够完全覆盖燃料燃烧中潜在的二氧化碳排放。从排放税传导的程度而言，这推高了化石燃料（特别是煤，同时也包括天然气和石油制品）和电的价格。这些更高的能源价格促成了上述所有的减排机会。

总量控制和交易体系。这类体系与碳税的税基类似，且随着时间的推移被证明具有同等效果。也就是说，额度的价值（如排放价格）反映在燃料价格和电价中，该政策能够利用的减排机会与碳税相同。

部分覆盖的市场导向型政策（下游）。另一个可能性是市场导向型政策聚焦于大型发电厂和工厂释放的二氧化碳。这些政策的减排效果不如上游体系，除非它们能与其他措施相结合，如解决燃料运输、家庭取暖燃料和小规模工业资源。例如，欧盟碳排放交易体系就覆盖了一半的与能源相关的二氧化碳排放。[②]

---

① 这里需要注意的是，节电最先打击的是最为昂贵（边际成本最高）的燃料，如可再生燃料或者天然气，而非碳排放量最大的燃料，从而影响减排的效果。

② 然而，将欧盟的排放价格延伸至所有排放源，并不能使减排量翻倍。这是因为大部分低成本的减排手段（对于欧盟）都存在于发电部门。换句话说，与已覆盖的行业相比，未被覆盖的行业对价格并不敏感。

其他能源税种。其他能源税种在减少二氧化碳排放上显得相对无效（见第2章）。在住宅与工业用电上征收的消费税仅仅开发了四种主要减排机会中的一种。①对机动车产权证收税也不是那么有效——甚至在运输部门内部，既不鼓励人们少开车，也没有（取决于它们如何被设计）创造多少对低能耗汽车的需求。虽然煤炭税在减少大部分高碳燃料上很有效，但是它忽略了由碳税带来的一些机会，比如从天然气和燃料到核能和可再生能源的转变，以及在能源部门之外的减排。

1.1.2　直接监管

监管政策自身的影响也是有限的（特别是和市场导向型工具相同的二氧化碳隐含价格）。这些工具要和长远的政策组合相结合，以实现任何与综合性市场导向型政策相近的效益。我们将监管政策进行区分，专注于增加能源使用（可再生能源）的种类，减少碳排放和能源的使用。

鼓励可再生能源发电。虽然存在广泛的、与技术相关的市场失灵（见下面），但仍然可以制定临时政策促进可再生能源的使用，通常这是或至少应该作为更广泛的价格工具的补充，而非替代。与综合性价格政策相比，仅就这些政策而言并不是非常有效。在能源领域以外，它们对减排无能为力。至多有一些比较微弱的节电动机，因为它们不涉及在更高的发电价格上将碳税收入或额度价值转嫁给消费者。②甚至在能源领域，它们也没有从天然气和燃油取代煤或者将这些燃料转化为核能的过程中实现减排。

减少发电碳排放的更广泛的政策。一个全行业应用的每千瓦时排放二氧化碳的标准比一项可再生能源激励政策要更有效，因为它鼓励所有试图改变发电燃料结构的可能，以降低二氧化碳排放（而不仅仅是对可再生能源的替代），同时提高发电厂的效率（然而，正如随后要提到的，这种监

①　根据欧盟2003/96/EC能源指令，这些税目是强制性的。但目前正在讨论修改指令，更加直接地针对碳排放。

②　根据一项可再生能源要求，发电厂要面对每千瓦时更高的平均生产成本，因为它们要从成本最低的发电燃料组合转向成本更高的燃料组合。这种情况也会出现在将市场导向方法应用于碳排放上。尽管如此，发电厂的平均成本，即发电价格也会上升，因为发电厂商要为其剩余的每千瓦时二氧化碳排放纳税，要么去购买额度。在市场导向型的上游体系中，缴纳的碳税或额度价格已经包含在发电厂支付的更高的燃料价格中，然后传导到电价中。

管政策需要和大量的额度交易相结合以降低成本)。排放标准的制定要基于"清洁能源标准",美国目前就在对这一标准的变体进行讨论。这项政策对发电中使用的无碳燃料比重设置了最低要求,但是允许部分燃料额度带有一定的碳强度。①

• 排放标准中也存在一种价格变体,被称为综合税制(见专栏1-1)。这项政策和制定排放标准一样,旨在减少每千瓦时排放的二氧化碳,但是就成本效益而言具有一些可能的优势。在能源领域,综合税制几乎相当于碳税,利用所得收入为电力生产提供单位补贴。更一般而言,如果枢轴点降低(例如,每千瓦时的二氧化碳临界值,这一界点决定了企业是否要支付费用或者获得返还),那么综合税制会对电价产生更大的影响(因为更多的发电厂正在付费而不是获得补贴)。在这种情况下,这一政策就相当于电力排放税,用收入的一部分(而非全部)来补贴生产。

能源效率政策。监管政策通过设置能源强度标准,也能够减少用电需求以及直接燃料的使用。比如,一些国家(例如,中国、日本、美国)对新型乘用车的平均燃油经济性(每升行驶里程数或当量)设置了标准。建立编码也很普遍,因为这也是家用电器(如冰箱)、照明设备和加热/制冷设备能源使用率的标准。同样,综合税制也能作为这些政策的定价变体。比如,如果该政策应用于乘用车,那些出售相对低效化石燃料车辆的生产者们,应根据该车型与整个行业平均燃料消耗率(或每公里排放的二氧化碳)之间的差异,再乘以销售量,来支付相应费用,而那些制造高效燃料车型的生产商则接受相应的补贴。

• 在能源领域,和市场导向型碳政策相比,能效政策在减排上表现欠佳。最重要的潜在原因是能效政策并不能为发电厂商提供任何动机,以减少每千瓦时的二氧化碳排放量。另一个原因是它们无助于减少对耗能耐用品和其他商品的使用。此外,一系列典型的能源密集型商品都免于监管(例如,小型电器、音频和娱乐设备、装配线),而高企的能源价格将促使这些产品升级到更为高效的版本。至少在短时期内,对新产品设定的标准

---

① 例如,通过进行能源组合,即10%的可再生能源、水能和核能以及20%的天然气,就能达到零碳燃料要求的20%份额。

将提高其相对于已有产品的价格，从而延迟老产品（相对具有污染性）的
下架。相比之下，更高的能源价格将加速旧有（不节能）产品的更替。

　● 在交通领域，能效标准基本上与二氧化碳标准（基于每公里或者吨
公里）相同，因为这个领域主要使用的就是油基燃料。这些工具没有市场
导向型政策的效率高。更高的燃料价格能够减少车辆行驶的公里数（通过
提高每公里的燃料成本），促使购买更多节能高效的机动车：燃料经济标
准（综合税制或者二氧化碳标准）只开发了后者的行为利润，但作为一个
粗略的经验法则，其有效性只相当于燃料税的50%。①

　　监管组合。总之，监管政策本身对二氧化碳减排只提供了有限的动
机。然而，监管（或综合税制）组合包括一系列政策，能够减少发电的排
放强度并提高主要耗能耐用品（建筑、车辆、家用电器）的效率，但在如
何匹配综合性、市场导向型政策产生的环境效用方面还需要长时间探索。
尽管如此，甚至在这些政策组合之下，也不是所有的减排机会都能被开
发，尤其是对减少车辆和其他耗能耐用品的使用上。

1.2 不同政策的成本-效益分析

　　一项具有成本-效益的政策是能够以最低的经济成本，实现既定的减
排量。这一界定不仅有其自身目的，还有助于增强对政策持久性的预期。
我们的讨论从能源领域的成本问题入手。实现成本最小化要求减排最后一
吨的成本在所有企业和家庭中都是相等的。随后，我们会考虑一个更广泛
且更适当的经济成本，这对来自于减缓政策的收入使用具有重要意义。专
栏1-2提供了更多从经济视角思考成本的讨论。

专栏1-2	理解减排成本

　　一项减排政策的经济成本或者"福利"包括所有不同的、独立的减
排行为（除环境福利之外）所产生的成本。比如，使用更为清洁但是昂

---

　　① 实际上，通过降低每公里的燃料成本，之后的政策倾向于鼓励使用机动车，但是美国有证据
表明这种"反弹效应"并不明显。

贵的燃料发电所产生的直接成本。还包括减少开车或者即使有其他偏好，但选择使用耗能较低的产品而对家庭产生的隐形成本。

对福利成本的界定用"它们不是什么"反而更容易说明。这些成本不像损失的就业岗位这种行业指标，会受到新政策的直接影响。在经历过一段调整期之后，很多工作机会通常会由其他行业提供。福利成本也不需要与国内生产总值（GDP）的变化紧密相关。比如，一项监管政策通过使用价格更高的其他选择和提高产品价格，可能会实际增加GDP，但是也产生了积极的福利成本。

从社会的一个环节（例如，消费者）转移到另一个环节（例如，生产者、政府）不算是福利成本。这意味着由碳税自身产生的税收并没有直接包括在福利成本中，也没有作为可再生能源补贴的支出。然而，正如随后所解释的，如果新增加的收入或新产生的损失会对其他税率产生影响，扭曲了经济行为（例如，减少重返工作的机会，降低资本积累的税收），那么将会对该政策带来的全部福利成本产生影响。

福利成本的概念被全世界的政府所认可，并用来评估监管、政府投资、税收和其他政策。在美国，20世纪70年代以来发布的一系列行政命令，均要求政府机关每年进行数百份成本-收益分析，利用福利成本（和福利收益）来决定其制定的"重大"监管政策从社会角度而言是否合理。

Source：Authors.

1.2.1　市场导向型政策与监管政策：粗略分析

市场导向型政策具有成本-效益，因为该政策下的所有排放源税率都相同。因此，所有公司和家庭都具有相同的动机来改变其行为方式以减少排放，直到减少的最后一吨成本（例如，电力行业转换燃料额外产生的成本或驾驶员放弃出行的成本）与排放的价格相当。对于排放交易系统而言，成本-效益需要流动的市场，但是对于那些缺乏保护财产权的机构或者缺少大量市场参与者的国家而言，可能性并不大。①

完全或未完全覆盖排放物的市场导向型政策（比如，对电力或燃料课

---
①　即使是高度发达的市场有时候也会被控制。

税）被称为具有成本-效益，因为它们在能源领域将减排成本最小化。另一种进行政策比较的方式是比较其成本，即产生同等减排效用的成本。根据后一种比较方法，部分覆盖的市场导向型政策不被视为具有成本-效益。在全覆盖政策下，为了达到相同的减排，所覆盖的排放源承担了过多的负担，而其他排放源则没有任何负担，也没有在所有排放源中实现减排的成本-效益。

至于监管政策，比如排放标准和能效标准，除了有限的效用之外，即使它们要求所有企业满足同一个标准，也难以实现成本-效益。比如，对于一个以煤炭为主的发电厂，为了达到平均每千瓦时二氧化碳排放标准，其所负担的成本要比一个较少依赖于煤炭的发电厂高得多。为了提高成本-效益，这些标准还需要补充大量的额度交易条款。这些条款将允许以煤炭为主的发电厂，通过购买低于每千瓦时二氧化碳排放标准的发电厂的额度，拥有高于标准的每千瓦时排放量。同样，在机动车燃料经济性标准下，交易条款将允许专门从事大型车辆生产或销售的主体，通过从小型车辆的生产者手中购买额度，得以低于对平均燃料经济性的要求，因为小型车辆高于标准（以获得额度）是相对便宜的。如上所述，额度交易只有在发展较为完善的交易市场上才可行。

然而，一个提高成本-效益且不需要进行额度交易的直接方法，就是使用这些政策的定价变体。比如，在电力领域的综合税制下，以煤炭为主的发电厂可以选择向政府支付费用（超过每千瓦时二氧化碳的枢轴点），而相对清洁的发电厂则将获得返还（在枢轴点之下减少每千瓦时二氧化碳排放）。①然而，重要的是，要使得相对肮脏的/能效较低的生产者从减少每吨二氧化碳排放中缴纳的税费，等同于相对清洁的/能效较高的生产者从减少每吨二氧化碳排放中获得的额外补贴额。如果不能实现，那么由于两种厂商面临不同的减排激励，将会产生极为昂贵的减排模式。

普遍而言，对于一个具有成本-效益的监管组合，不仅要求行业内部的额度交易，还要求在经济中建立一个行业间的单一的二氧化碳排放价格。如果没有一个统一的价格，那么会导致有的行业减排负担过重，有的

---

① 实际上，综合税制是一种税，它类似于具有完美额度交易的排放或效率标准。

过轻。同样，在综合税制组合中，也应统一不同行业的隐含排放价格。

专栏1-3讨论了对美国的一些模型测算结果，这些结果支持迄今提出的一些观点。同时，它还提到了当政府实施一系列相关的政策（通常情况下）时可能造成的冗余。

专栏 1-3   其他二氧化碳减排政策在效用与成本有效性方面的建模结果

下图对最近一份研究报告进行了总结。该报告是关于2010—2030年间（柱状体的高度）美国国内不同的二氧化碳减排政策的有效性，以及在专栏1-2中定义的，在同一时期（灰度柱状体）减少每吨二氧化碳排放产生的平均福利成本。见Krupnick和其他人（2010）（149-152页），书中列明了对所有政策的定义。这里只选取一些重点。

不出意料，（不成功的）联邦总量控制与交易法案中的综合税制和总量控制与交易系统被认为是最有效的内部减排政策。对于这些政策而言，减排的平均成本也相对较低（以2007年美元计，每吨减排的费用是11~12美元）。在应用总量控制和交易政策的同时使用可再生能源配额制（RPS），对于减排没有任何实质效果（例如，RPS是多余的），因为排放量受到一系列年度总量指标的限制。如果国内的排放源必须满足相同的总量限制，但又没有购买任何碳排放权抵消交易（抵消交易在下面有解释），那么国内的减排量依然很大（最左边的柱状体），且每吨碳排放的平均成本还要上升。

在RPS下的减排量只占到其他定价政策下减排量的25%。但是允许对增量天然气进行额度交易（RINGPS）或者在所有碳强度低于煤炭的燃料中进行额度交易——清洁能源组合标准（CEP-ALL）——能够在更为宏观的排放定价政策下提高大约50%~60%的有效性。

然而，即使汽油税大幅度增加（大约每加仑上涨1美元或每公升上涨0.26美元），也只能在其他定价政策下减少一小部分的排放量。最明显的是，这项政策仅覆盖道路交通排放的二氧化碳。此外，用清洁燃料替代客运车辆的传统化石燃料，这样的选择是非常有限的（与电力行业燃料转换的可能性相比）。制造商们已经吸收了先进的节约燃料技术，以满足逐步提高的公司平均燃料经济性（CAFE）标准。

　　在有约束力的 CAFE 要求下，另一项多余的政策是对混合动力汽车的补贴。这些补贴导致了更多混合燃料的使用，制造企业可以放慢对传统燃油车辆的改进，同时满足对机动车平均燃料经济性标准的要求。

Source：Authors,selected cases from Krupnick and others（2010）based on simulating a variant of the U.S.Energy Information Agency's National Energy Modeling System.

1.2.2　进一步探讨成本收益

　　综合性碳税和带有额度拍卖的总量控制与交易系统，成为政府年度收入的一个潜在重要来源——也许会占到美国 GDP 的 1%，中国 GDP 的 2% 以上。如何利用这些收入具有重要意义，特别是对于超过能源市场成本的、基于市场导向型政策的更大范围的成本而言。

　　特别是，如果这些收入被用于减少其他税收，考虑到这些税收会扭曲宏观经济，那么就能够从实质上减少全部政策成本。例如，劳动所得税减少了对参与劳动和付出的回报，从而扭曲了劳动力市场。对企业征收所得税和对家庭储蓄的收入课税都减少了资本积累，进而扭曲了资本市场，反之能够实现经济效率最大化。利用气候变化政策的收入来减少这些税收为经济带来更大收益。

　　尽管存在这些潜在的收益，但是碳税的所有成本和带有额度拍卖的总量控制和交易体系也会是积极的（尽管在一定程度上，环境福利要比这些成本大得多）。这是因为会产生中和效应，抵消来自收入循环中的收益——由于碳税和总量控制与交易体系抬高了能源价格，所以它们会使经济活动的整体水平出现收缩（尽管是非常轻微的），进而对就业与投资产生（轻微的）抑制效应。

　　这里的要点在于（将在第2章中深入探讨）如何使收入对市场导向型工具的整体成本产生重要影响。如果从碳税中获得的收入被应用于有益于生产的方式中，比如减少经济中扭曲性的税收或投资于有益于社会的支出，那么这样实质上减少了政策成本。同样，总量控制与交易系统要具有成本-效益，则额度要被竞拍，收入要被用于生产性使用。相反，如果额度被一次性免费提供给企业，那么由于放弃了有价值的收入循环收益，将导致政策总（净）成本更高。实际上，将配额免费分配给受到影响的行业，将会产生过度补偿，因为大部分额度的价格是由家庭而非企业支付的，是以更高的能源价格而非更低的生产价格实现的。

　　如果从课税或总量控制与交易政策中获得的收入没有被合理使用，那么某些监管结合也许比市场导向型政策在总成本-效益上表现得更好。就这一点而言，监管工具的"收益"就是它们比市场导向型政策对能源价格的影响更小，因为它们不涉及转嫁到消费者身上的税收或更高价格的配额。因此，与没有利用收入循环收益的市场导向型政策相比，监管政策对经济活动的伤害更小。对大多数国家而言，所有基于成本-效益的政策中最好的是碳税或竞拍的总量控制与交易系统，从而通过直接或间接地削减赤字（避免增加其他税收的需求）来减少更大范围的税收扭曲。

1.3　处理不确定性

　　碳排放控制工具的未来成本还取决于未来清洁和肮脏燃料的价格以及

减排技术的成本。这些因素都包含着相当大的不确定性。考虑到环境组织和其他机构对确定排放量（或可再生能源）的强烈要求，这些组织更加偏好总量控制与交易系统（和数量要求），而非固定的价格体系（如征税），因为后者的数量会随着时间而变化，同时解除不确定性。[①]然而，在不确定性之下，确定排放限额（对覆盖的排放源）也会产生成本，包括：（1）配额价格的波动，从成本-收益的角度看，会在某些年份里对减排毫无影响，而在其他年份引发较大的变化；（2）长期清洁技术投资的放缓。处理这些问题的方法有很多，但是只有在决策者愿意放松对年度排放的严格控制时才可行。

1.3.1　税收与总量控制与交易

年度减排目标使总量控制与交易系统里的配额价格由市场来决定。当要实现总量控制成本高昂时（例如，在能源需求高涨或清洁燃料价格处于高位时期），配额的价格也会相对上涨，反之亦然，当达到总量控制所需的成本相对可控时，价格也会下降。对于给定的累积减排量，减少价格波动能够在一段时间内降低项目成本。在一个稳定的排放价格下（更确切地说，是在一个利率下增长），当减排成本相对较低的时候减排量将会增加，反之亦然：以这种方式，稳定的价格能够使不同年份下增量的减排成本（已贴现）相同。稳定的排放价格或许还能创造有利于清洁技术（例如，风能和核能发电厂）投资的商业环境，从减排的角度讲，这些投资前期投入大且回收期长。

在总量控制和交易系统中限制价格波动，一种方法是允许企业拥有银行配额（例如，将配额平摊于未来数年，而不是现在一次用完），这能让它们在减排成本很低的时候开展额外的减排。另一个方法是允许预先拍卖，即企业可以以现在的价格购买用于未来几年的配额（如果预计配额价格会上涨）。此外，企业也可以借入配额（例如，现在使用未来的额度），这使得在碳排放控制成本处于高位时能

---

① 环境组织希望看到环境的确定性，这意味着在价格/成本目标上具有数量偏好。然而，除非一项总量控制与交易政策能够覆盖所有的二氧化碳排放源，否则难以实现这种确定性。即使某个国家利用这一项目覆盖了所有排放源，没有此类政策的国家产生的碳泄漏也会造成数量上的不确定性。

够少排放。

另一种可能性是将总量控制与交易系统和价格相结合。在配额价格达到上限时，政府可以以上限价格将额外的配额向市场出售，从而放宽排放总量限制。而在配额价格跌到底限时，政府可以以该价格进行回购，从而收紧排放总量。

还有一种可能性是允许覆盖范围内的排放源购买国际排放抵消额（例如，通过清洁发展机制），这有助于设定国内配额价格的上限。特别是发展中经济体，抵消条款允许本国企业投资于（更便宜的）减缓项目来获得额度。然而，抵消交易并不总是真实发生的（例如，发展中经济体的项目可能在没有抵消支付的情况下发生），在这种情况下，环境效用就会受到破坏（且受让国在交易没有产生排放收益的情况下进行了转让）。因此，保持政策的可信度需要对抵消交易进行更为严格的验证，这意味着一个相应更高的排放价格和国内减排成本。

然而，确保价格稳定最好的办法其实是实施碳税（在一个固定的年利率上价格自动增长），而非总量控制和交易系统。这一税种能够提供完全的（而非部分的）价格稳定性，且不需要复杂的设计条款。

价格稳定性的缺点在于政策制定者失去了对所覆盖的排放源每年排放的二氧化碳的控制——对特定年份设定年度目标已成为当前国际气候减缓谈判的基础。然而，一个国家一年的碳排放量对未来全球变暖实际上没有任何影响——当然，这主要由工业时代以来历史累积的全球排放量所决定。如果政策制定者继续就数量而不是排放价格进行协商，那么比制定年度目标更好的办法则是编制碳预算。这些预算包括在一个多年期（比如，10年）范围内明确允许的累计排放量，从而使这些国家在制订年度减排计划上保持弹性。

1.3.2 其他政策

类似地，基于价格的政策要比监管政策更好地处理长期减缓成本的不确定性问题，但是其（政治）代价是每年的碳排放量都有所不同。例如，电力领域的综合税制（排放价格随着利率而增长）将使得不同年份的减排增量（现值）成本相同。一个严格的每千瓦时二氧化碳排放标准并不具有成本-效益，因为满足相同标准的增量成本可能会随着燃料价格和时间的变化而发生改变。同样，这个问题通过价格稳定性，至少可以部分地（银行储存、借入额度、价格上限或下限）得到解决。

1.4　影响和竞争力

气候政策产生的负担，特别是对家庭（尤其是贫困家庭）、企业以及生产交易产品的行业竞争力的意义，经常是政策制定者主要关注的内容。这些负担源自政策对能源价格的影响，特别是电价和由家庭及企业消费的燃料价格。第2章将在碳税范围内讨论这些问题，以及抵消家庭和工业负担的可能性。这里我们简单地比较一下分配的重要性和其他工具相对于碳税的竞争力。

1.4.1　家庭负担

在发达经济体中，贫困家庭要把收入的较大一部分用于电费、交通费、取暖费和吃饭等支出上。这意味着更高的能源价格（由综合性碳定价政策导致的）将使低收入家庭的负担更重——相对于收入，这与政府致力于缩小收入不平等的做法相悖。对于发展中经济体，如果低收入群体没有自有车辆或用上电的话，他们的收入负担可能会更低。尽管如此，对于任何有可能降低穷人生活标准的新政策，都要求有补偿。

很显然，对于带有部分赔付的市场导向型政策或对电力、车辆征收个人税，会使低收入家庭的负担不那么沉重，但是这些政策的环境影响力有限。更重要的是区分市场导向型政策和监管组合政策，或者是带有广泛环境效用的综合税制组合。正如前面所述，市场导向型政策会对能源价格产生更大的影响，因为它们或者将大量税收所得进行转嫁，或者进行配额拍卖，或者将以更高的价格将额度出租（如果没有拍卖的话）。

1.4.2　企业负担

任何提高产品价格的政策——包括大部分减少二氧化碳排放的政策——将对那些相互竞争的领域（例如，电力厂商面临煤炭和天然气销售的竞争）或面临与那些没有收取类似费用的国家的竞争产生影响。受损最严重的领域是能源密集型和出口贸易型行业，因为这些行业限制了将投入成本转嫁到产品价格中。比如，电价上涨将会伤害那些用电大户，像铝厂和炼油厂。除了那些害怕被超越的公司提出的政治问题，同样还有工作外包问题和碳泄漏问题。①

1.4.3 工具选择的意义

实际上，分配问题也成为市场导向型工具优于监管和综合税制政策的第二个理由（第一个理由是从价格工具中获得的实际或潜在的收入循环福利没有得到利用）。如果家庭和行业在市场导向型政策下无法获得足够的补偿，那么使用其他工具以避免能源价格大幅攀升，由此所产生的实际收益，将会超过这些工具自身的劣势（即使会错过一些减排机会）。

当然，需要注意一些问题。如上所述，监管政策和综合税制都要具有综合性和一致性，从而向不同行业额外的减排活动提供相同的奖励。此外，在更为严格的减排水平下，相对于温和的减排水平，能源价格的差异对市场导向型政策与其他手段之间的影响并不那么明显。②也就是说，随着政策趋紧，其他工具的优势将会有所减弱。比如，尽管综合税制从一开始就被列为优先工具，但是随着市场导向型政策可行性的提高，前者将逐步向后者过渡。

尽管如此，完美的办法将是从市场导向型工具开始，但是向受到负面影响的群体提供必要的补偿——只要补偿额不会过分增加政策成本。正如将在第2章讨论的，确实存在一些行之有效的办法。

1.5 促进清洁技术的开发和实施

在本章中，我们分析了一些可供选择的政策工具，这些工具用于纠正与二氧化碳相关的、难以内部化的外部性市场失灵问题。这些工具，特别是碳税和总量控制及交易方法，也能够刺激新技术的产生和实施——任何能够以更低廉的成本实现减排的新方法，都会调动排放者的兴趣，只要获得并使用

---

① 即使难以准确地表达，也不应该夸大碳泄漏的问题。比如（除了像欧盟这种一体化程度较高的地区外），一个国家运输燃料的减少或转向更为清洁的发电燃料，基本不会增加其他国家的碳排放量（至少不会出现全球化石能源价格的大幅下降）。

② 比如，在更高的税负水平上，每千瓦时的排放量更低，这意味着未来税负的增加不会对电价产生太大的影响。

这种技术的成本低于碳排放的支出，那么就可以应用该技术。应用范围广泛的价格工具可以为清洁技术在全部经济领域的开发和实施提供新的动机。

然而，未来排放价格的不确定性——正如总量控制和交易系统缺乏价格稳定性条款或未来税率还未确定的碳税一样——可能会阻碍清洁技术的投资。此外，如果碳税或限额交易系统是部分而非全部覆盖，那么将无法向综合性定价政策那样提供全面的技术激励。同样，电力税或个人燃料税仅仅能够刺激小规模的清洁技术投资。

综合税制或碳排放标准优于具体的技术标准（例如，CCS），因为对于后者而言，一旦技术被采纳，就难以再刺激产生新的技术。[①]但是同样，前者需要在不同行业间应用并进行协调，从而提供更广泛的技术激励，在综合碳定价政策下这些激励是自动产生的。

即使对二氧化碳排放进行综合性定价，也有理由相信那些创造、开发和实施新的清洁技术的努力，会由于额外的市场失灵而变得不够充分。总之，这就要求使用补充和有针对性的技术政策，而不是更加积极地设定控排工具。专栏1-4对技术政策的类型和原理进行了讨论。

专栏1-4　　　　　　支撑技术政策的潜在案例

一般而言，经济学家建议与基础研究、企业应用研发和技术实施相关的技术市场失灵问题，需要用他们自己的工具解决。以下是一些需要铭记于心的建议：

● 技术政策对于减排政策而言，应该是起支撑作用而非替代作用。如上所述，排放定价权是（在既定技术条件下）减少排放最为有效的独立政策且能够刺激清洁技术投资。

● 一般来说，不应为某一特定技术提供优于其他技术的专项扶持。因此，向碳捕捉及封存提供补贴或要求使用某种燃料的机动车，而不是激励所有参与者，都有可能是低效的，除非某项优先政策会产生极为严重的市场失灵。

---

① 实际上，在竞相设置技术标准的阶段结束后，处于监管下的社会将不再出于对新规则制定的恐惧而开发更好的技术。

●公共领域或能源领域的创新活动也许会对经济活动产生"挤出"效应。比如，新从事能源技术研究的科学家和工程师也许在其他领域有过工作经验。

这些因素表明技术政策需要经过仔细权衡和设计。哪种工具是合适的以及应用的时间跨度，都取决于市场失灵的自然属性。尽管如此，仍然存在着与技术相关的市场失灵问题，只是影响范围有所不同。

对于鼓励在公共资助的研究机构开展基础研究并应用于企业，确实存在着一个有潜在说服力的案例。特别是，"公共产品"问题——也就是说，革新者无法从其他潜在用户身上获得从技术突破中产生的溢出效应——在创新过程的这一阶段是最严峻的。实际上，对于美国，大量研究表明基础研发（例如，包括给所有潜在用户的福利）的社会回报率是私人回报率的数倍。即使这个问题存在于普遍的创新中，但是对于清洁能源技术则更加显著，特别是考虑到它们（如可再生能源电厂）当中很多都会产生高昂的预付成本且回报周期漫长，因此，未来的政府对排放定价的承诺仍具有不确定性。

为什么市场失灵会需要为与能源有关的技术提供额外的支持？

新技术的早期生产者经常引发关于"幼稚产业"的争论，即处于发展初期的产业需要将其与世界市场分离，比如设置关税或非关税贸易壁垒。但是这对于提高一个国家的整体经济效率毫无意义（甚至在短期内会降低经济效率）。如果这一提议被接受，那么就需要有一个严格的评判标准来决定这一产业什么时候已经"成长"起来。

如果一个企业抗拒采用新的技术，是因为不愿承担"做中学"产生的全部成本，而这项技术能为后来者带来收益，那么在技术政策的应用中就会产生一个新的问题。这也为清洁技术政策的实施提供了一个潜在的逻辑。但是，这些政策应该是临时性的并且在技术成熟后被废止。此外，考虑到成本和竞争技术的不确定性，衡量一项新技术未来的普及率是非常困难的，这需要在一个定量工具（例如，对于电动车最低销售份额的要求）的基础上形成一个灵活的定价工具（例如，一项补贴），从而迫使新技术可以忽略成本。如果一些技术是以牺牲另一些技术为代价，那么创造一个不公平竞争的市场是很危险的。

对于技术实施政策的另一个争议是消费者对于节能投资的需求会被他们的短视所阻碍——人们不愿为未来数年才能得到的回报进行大规模投资，更不用说贯穿投资的整个生命周期。如果此类争论想要站住脚，我们就需要区分"隐性"成本和市场失灵。如果消费者不愿购买，是因为这些技术未经证实或成本被隐藏（例如，犹豫是否购买节能灯就说明他们认为节能灯的质量不如白炽灯好），那么这就不足以成为干预的理由。

同时，消费者也许缺乏有关特定技术的特征和产品生命周期节能的信息。或者如果会使他人受益（由房客负担能源费用），那么做出购买决定的人（如房东）就不会在意节能的问题。此外，资本市场也许会不分缘由地拒绝家庭为进行大额投资而申请的贷款。原则上，这些市场失灵会证明某种政策干预的正当性，例如，对产生问题的领域开展信息战，改变房东-房客关系，增加信贷的可获得性，或者刺激使用清洁技术。

最后，以改善网络（如为清洁燃料修建的新管网）为目标的补贴或价格政策也有可能获得批准。在这些情况下，其他公司享受的技术福利也许会变得非常普遍，以至于没有一家私人企业能够独享。或者，技术失败的风险远非一家企业能够负担，但对于政府而言却可以承受，因为它有更多的机会去避免失败且获得资金的成本更低。

Source:Authors.

1.6　结论

选择减少二氧化碳排放的工具是一项很复杂的事情。在本章中，我们根据五个标准对不同工具进行对比，每种工具的要点总结在表1-1中。

表 1-1   **政策工具的总结比较**

政策工具	减少经济领域二氧化碳排放的效用	成本-效益	处理超出减排成本的不确定性	改善清洁技术的实施	影响和竞争力	总体评价
综合碳税（上游）	最有效政策	具有成本-效益	自动适应不确定性	有效，但可能需要补充措施来克服技术障碍	能源价格的影响可能给低收入家庭带来负担并损害竞争力	可能是最佳政策，但可能需要解决对范围和竞争力的影响
综合性总量控制与交易（上游）	与综合碳税相同	如进行配额拍卖则具有成本-效益	需要价格稳定条款	与综合碳税相同（带有价格稳定条款情况下）	如进行配额拍卖则与综合碳税相同（但如果配额自由分配，则影响范围可能出现变化）	如果：（1）进行配额拍卖；（2）具备价格稳定条款；（3）具有运行良好的信用市场，则与综合碳税相同
部分覆盖的碳税（下游）	部分有效	具有成本-效益	自动适应不确定性	促进较小范围的技术投资	与在综合碳税制下情况类似	最初有潜在吸引力（在综合税收缺位情况下）
部分覆盖的总量控制与交易（下游）	与部分碳税相同	如进行配额拍卖则具有成本-效益	需要价格稳定条款	与部分覆盖的碳税相同（附价格稳定条款情况下）	如进行配额拍卖，则与部分覆盖的碳税相同（但如果配额自由分配，则影响范围可能出现变化）	如果：（1）进行配额拍卖；（2）具备价格稳定条款；（3）具有运行良好的信用市场，则与部分碳税相同
纯电力税	效果有限	在小的减排范围中具有成本-效益	自动适应不确定性	改善很小范围内的清洁技术	与综合碳税制情况类似	基本不推荐（除非结合其他减缓工具）

政策工具	减少经济领域二氧化碳排放的效用	成本-效益	处理超出减排成本的不确定性	改善清洁技术的实施	影响和竞争力	总体评价
车辆购置消费税	非常无效	在非常小的减排范围中具有成本-效益	并不存在不确定性	基本上没有影响	强加给驾驶者的负担	基于环保因素不推荐
个人燃料税	效力有限，然而部分税种（如煤炭）比另一税种（如汽油税）更加有效	在适度减排情况下具有成本-效益	自动适应不确定性	改善限定范围内的清洁技术	给家庭和企业带来部分负担	逊于综合排放定价
清洁发电燃料奖励措施	效力有限	如果定量工具中有额度交易条款则具有较好的成本-效益（在适度减排情况下）	价格工具适应不确定性，定量工具需要价格稳定条款	改善限定范围内的清洁技术	给家庭和企业带来非常小的负担（中等规模政策情况下）	逊于综合排放定价
（对能源部门）设定排放标准	（对能源部门）非常有效	如有额度交易条款则具成本-效益	需要价格稳定条款	不能为节电技术或其他领域的技术提供激励	给家庭和企业带来非常小的负担（中等规模政策情况下）	如果基于综合市场的政策不可行，则可以推荐，但必须与其他政策结合实施

政策工具	减少经济领域二氧化碳排放的效用	成本-效益	处理超出减排成本的不确定性	改善清洁技术的实施	影响和竞争力	总体评价
能效标准	效力有限	如果企业间存在额度交易就具有成本－效益（在适度减排情况下）	需要价格稳定条款	仅在有限范围内促进技术投资	家庭和企业的负担相对较小	不能替代排放定价，但可以在监管组合中发挥作用
综合税制	（对能源部门）非常有效	（对适度减排及部分减排）具有成本-效益	自动适应不确定性	对促进技术投资有一定效果	家庭和企业的负担较小	在综合排放定价缺位的情况下可以推荐，但不同部门需要不同方案
监管组合	可能非常有效	如果企业间存在额度交易就具有较高的成本-效益	需要价格稳定条款	能够促进较大范围内的技术投资	在适度规模政策影响下家庭和企业负担极小	如存在跨部门的广泛额度交易，则在综合排放定价缺位的情况下可以推荐

Source：Authors.

a：与不同政策措施下不同水平的减排进行成本比较。

b：只列出了部分解决不确定性的办法。

c：假定收入被用于提高经济效率，如减少其他扭曲性税收。

d：将主要产品（如交通工具、建筑、家用电器）的能效标准与发电的排放标准相结合。

尽管对于降低全部政策成本而言，增加收入且高效使用这些收入的确很重要，但是市场导向型工具仍是最有效的减排政策。在碳税和总量控制与交易体系之间选择并没有那么重要，还不如选择其中一个，设计正确的实施细则，包括对排放源的全面覆盖、利用财政分红、（在交易体系中）

控制价格波动，但是如果缺少配额交易机构，那就只能选择碳税。如果碳定价政策最初不被接受，那么监管政策组合无疑是一个现实的合理选择，可以通过审慎地模仿综合定价政策下可开发的减排机会来实现，并包含大量的额度交易条款。此外，使用综合税制政策来替代监管政策将更为简单，因为它无需强制开展配额交易。

参考资料和延伸阅读

For a general discussion comparing a broad range of alternative carbon mitigation instruments,see the following:

Aldy,Joseph E.,and Robert N.Stavins,2011,"Using the Market to Address Climate Change:Insights from Theory and Experience,"Discussion paper RWP11-038 (Cambridge,Massachusetts:Harvard University Kennedy School of Government).

Goulder,Lawrence H.,and Ian W.H.Parry,2008,"Instrument Choice in Environmental Policy,"*Review of Environmental Economics and Policy*,Vol.2,pp.152-174.

Krupnick, Alan J., W.H.Parry, Margaret Walls, Tony Knowles, and Kristin Hayes, 2010,*Toward a New National Energy Policy:Assessing the Options*(Washington: Resources for the Future and National Energy Policy Institute).

General issues in the choice between carbon taxes and emissions trading systems are covered in the following:

Hepburn, Cameron, 2006, "Regulating by Prices, Quantities or Both:An Update and an Overview,"*Oxford Review of Economic Policy*,Vol.22,pp.226-247.

Nordhaus William,2007,"To Tax or Not to Tax:Alternative Approaches to Slowing Global Warming,"*Review of Environmental Economics and Policy*,Vol.1,pp.26-44.

For a focus on the importance of revenue recycling for containing the costs of market-based policies,see the following:

Parry, Ian W.H., and Roberton C.Willams, 2012, "Moving US Climate Policy Forward:Are Carbon Tax Shifts the Only Good Alternative?" *in Climate Cbange and Common Sense: Essays in Honor of Tom Scbelling*, ed.by Robert Hahn and Alistair Ulph(Oxford,UK:Oxford University Press,pp.173-202.)

For a discussion of possible manipulation in allowance trading markets,see the following:

Stocking, Andrew, 2010, "Unintended Consequences of Price Controls: An Application to Allowance Markets, "Working Paper 2010-06 (Washington: Congressional Budet Office), September.

For some discussion of instruments for promoting clean fuels in power generation, see the following:

Aldy, Joseph E., 2011, "Promoting Clean Energy in the American Power Sector, " Hamilton Project discussion paper 2011-04 (Washington: Brookings Institution).

Palmer, Karen, Richard Sweeney, and Maura Allaire, 2010, "Modeling Policies To Promote Renewable and Low-Carbon Sources of Electricity, "Walls, Tony Knowles, and Kristin Hayes, 2010, *Toward a New National Energy Policy: Assessing the Options* (Washington: Resources for the Future and National Energy Policy Institute).

[第2章]

如何制定碳税

伊恩·帕里

国际货币基金组织财政事务部

里克·冯·德普勒格

英国牛津大学

罗伯顿·威廉姆斯

美国马里兰大学未来资源研究中心①

决策者所需的关键信息

- 为减少和能源相关的二氧化碳排放，将来最有效的政策无疑是基于市场制定碳税。征收碳税可以减少对化石燃料的需求，还能鼓励对可再生能源如无碳燃料的使用。

- 从理论上讲，碳税应被用于化石燃料所在的行业，在按比例征收税费的同时要根据碳排放量的情况来适当补助被整改的下游企业。

- 为了平衡财政收支，碳税收入应被用来减轻财政部门的逆差，减少政府外债及（或）提供政府开销的费用。碳税收入或许还能投入到私人部门认为回报太小而不愿投资的有助于气候调节的领域（如水利工程）。碳税收入要补助有利于环保的行业，否则补贴毫无意义（如燃料补贴）。

---

① 这一章受益于 Joseph Aldy,Terry Dinan,Daniel Hall,Michael Keen,Richardd Morgenstern 和 Vicki Perry 的建设性评论。

> ● 降低早已存在的针对环保的能源税（如对电力、交通部门征收的税）或许更有助于、更能从实际意义上补偿那些有缴税压力的部门。换句话说，市场收益小的行业和公司所在的部门应该通过合适的、特定的税收和福利安排或者临时的生产补贴得到补偿。
>
> ● 随着监管和审查机制的不断完善，对非二氧化碳温室气体的排放征收可能被直接纳于碳税范围内，或间接地通过排放抵消额度来征收。
>
> ● 碳定价政策对于提高清洁能源科技的普及率和使用率是非常有效的。尽管定价过程并不容易，但是这个政策对降低需巨额投资的清洁能源领域的市场门槛还是很有帮助的。
>
> ● 就国际层面而言，将来的碳税税基的定价趋势是由主要的碳排放国共同协商的（这会比所有国家都参与谈判要来得容易）。

从长远来看，碳定价政策即针对环境污染收费的做法，无疑会增加中间产品或者最终产品和服务的市场价格。通过减少对化石燃料的需求、限制其储备的开发（特别是对环境污染严重的燃料），这些定价措施能够大范围地改变居民和企业的污染行为，从而降低碳排放。征收碳税还能更全面地促进市场对于清洁能源技术普及和应用的需求，由此增加可再生无碳燃料的供应。在定价过程中，不仅要确保企业和居民在使用电器、机动车和其他工具时减少碳排放行为，还要保证市场能快速接受和普及可再生燃料。值得一提的是，征收碳税所得的财政收入对于缓解当下财政危机的压力是大有裨益的。尽管第1章也谈到了（增收）排放交易制度能够助力于环保，但本章的重点在于碳税。

在起草碳税征收法案时，决策者也许会关心如下的问题：

● 税基的选择
● 税收的高效利用
● 采用什么办法来解决分配和竞争力问题
● 如何简化监管和合规要求
● 非能源相关的排放和排放补偿在多大程度上能实现统一
● 除鼓励清洁技术投资之外是否还存在其他工具

● 在国际层面上，如何协商并监督碳税协议

本章会依次论及上述问题。还有其他一些值得考虑的问题将会在本书其他章节讨论，比如碳税制定的标准及时效问题、碳税与其他减排工具相比的利弊、适合低收入国家的环保政策和相应的能源补贴改革等。本章最后会根据我们所提出的建议简要地评估现行的税收制度。

2.1　税基的选择

尽管在一定程度上，对于环境问题的行政和合规管理不是靠扩大征税范围就能解决的，但是选择扩大碳税税基的主要原因在于能最大限度地囊括各大污染源（从而可以直接或间接地减少重大污染活动的税赋）。对于所有释放潜在二氧化碳的燃料类型及其使用者，都应以同一税率来征收。原因在于：不论它们是如何、在哪产生的，它们都会严重污染环境。[①]

尽管由于行政因素的干扰使得数据的收集受到影响，但理论上为了扩大税基，碳税应该向燃油产业链的上游部门征收。税费应该根据燃料碳含量的比例来征收，这样才能对（潜在）碳排放量的计算一视同仁。[②]为鼓励燃油产业链的下游部门（比如火力发电厂）利用现有技术收集自身的碳排放数据，政府应该给予补贴。[③]

统一征收税费改变了能源的绝对价格和相对价格，最大程度上抑制了企业和居民对燃料的消费以减少碳排放。这一措施将带来如下影响：

（1）减少对火电的需求。

---

① 尽管需要仔细评估，但存在着一些能够获得经济上减免的特殊案例。一种可能性是对交通燃料征的税已经太多了（在进一步提高碳排放税之前），要以课税的形式对一些诸如道路拥堵、事故和地方排气管道排放等问题"矫枉过正"，要解决这些问题就需要征收较高的燃油税（例如，见 Parry, Walls and Harrington，2007）。

② 例如，燃烧 1 升燃油或柴油会产生 0.0027 吨的 CO_2，1 升汽油会产生 0.0023 吨 CO_2，而燃烧不到 1 吨的煤会产生 2.45 吨 CO_2（见 http：//bioenergy.ornl.gov/papers/misc/energy_conv.html）。CO_2 与碳排放的折算系数为 3.67。

③ 补贴应等于 CO_2 税乘以被捕捉和永久储存的 CO_2 数量。基于化石燃料中碳含量征收的碳税类似于一种存款，并随着被捕捉和储存的碳进行返还。

（2）提高电站的能源利用率（例如，能减少发一度电的燃油能耗）。

（3）火力发电会采用更环保的燃料。比如，从严重污染环境的燃料（煤）转变为中等污染的燃料（燃油、天然气），再转变为无污染的燃料（核能、水能、其他可再生能源）。

碳税改革还有如下影响：人们通过提高使用高能耗产品（例如，机动车辆、照明、家用电器）的效率并减少这些产品的使用次数（例如，尽量不开车，就能减少每公里出行的碳足迹，在需要时打开空调也有这样的效果），来减少家庭和产业在用电、交通、日常生活中的碳排放。统一征收的税费有利于人们出于相同的动机来减少上述污染环境的行为，因为从边际层面来讲，人们每减少一次碳排放就会对环境保护有同样的"贡献"。

表2-1（2009年的数据）就说明了所列国家以不同税率（根据不同的能源价格来征收每吨碳排放的税费：22美元或者16欧元）征收碳税的潜在影响。数据统计的前提是将碳税完全转嫁到能源价格中（从长期来看，统计数据近似于个别国家的实际情况[①]），从中可以看出，煤炭的价格在各国波动很大，涨了45%～200%。变动不大的是汽油和天然气的零售价格，分别涨了3%～9%和3%～12%——相对来说，高能耗行业的燃气价格涨得更多，因为它们（成批购买）的燃料成本低。居民用电的价格，浮动在1%（在法国，大部分是核能发电）至28%（在印度尼西亚，电力部门有国家支持）。这么看来，能源价格还是对企业的影响更大。

其他（较低能耗的）税主要向排放"传统的"污染源的下游企业（例如，煤和天然气车间，金属制造商）征收。因为这些企业是当地长期存在的主要污染大户，对其征税是必不可少的，所以它们（通常是能源部门）要想办法减少自身的生产成本。

然而，一些低于排放征收标准的下游企业可以免税，但它们需要通过缴纳其他的税费来弥补公共交通和居民生活排放的二氧化碳。在欧盟，欧盟排污权交易制度（ETS）的主要适用对象就是这些下游企业，并且已经

　　[①]　对于化石燃料，价格上涨的绝对量——每吨燃料中 CO_2 的含量乘以22美元——在各国应是统一的，但是价格上涨的比率却各不相同，取决于此前各国的燃油价格。在电力行业，各国电价上涨的绝对量也有差异，取决于发电结构，进而决定了每度电的 CO_2 含量。

表2-1 部分国家和地区2009年能源价格的增长百分比（CO₂税为22美元/吨）

燃料	动力煤	柴油机		电力		轻油		天然气		汽油（普通无铅）
终端用户	发电机	工业	家庭	工业	家庭	家庭	发电机	工业	家庭	家庭
加拿大	200.0	7.6	不详	8.3	5.8	8.7	不详	27.1	11.8	6.2
中国台湾	57.7	8.2	8.2	18.6	15.8	不详	10.0	8.9	9.2	6.5
法国	44.7	5.1	4.2	1.7	1.1	7.4	不详	10.7	5.5	不详
德国	46.2	4.6	3.9	8.5	3.7	8.1	不详	8.4	4.1	2.9
印度尼西亚	72.2	9.3	12.8	25.6	28.0	24.5	35.3	不详	不详	不详
意大利	49.4	4.7	3.9	4.2	4.1	4.1	不详	8.4	4.4	不详
日本	不详	6.8	5.3	5.8	4.0	8.3	不详	8.3	3.0	4.0
墨西哥	99.5	11.8	10.3	15.2	16.4	不详	23.6	不详	11.1	9.2
荷兰	不详	5.1	4.3	7.5	4.1	6.4	不详	9.3	4.0	不详
波兰	63.3	6.2	5.1	13.4	9.6	7.4	16.7	10.8	5.8	不详
韩国	61.6	不详	5.4	16.7	12.6	7.8	10.3	9.8	8.1	4.2
西班牙	不详	5.4	4.7	9.4	4.6	7.7	不详	10.8	5.1	不详
泰国	不详	8.2	不详	16.8	13.0	5.4	不详	16.3	不详	5.7
土耳其	158.4	3.5	3.5	9.3	7.8	4.0	10.0	10.0	8.2	不详
英国	60.0	4.2	3.6	7.8	5.1	8.6	18.4	14.5	5.8	不详
美国	100.8	9.1	9.1	21.8	12.9	8.4	24.9	22.9	10.0	8.4

数据来源：化石燃料碳系数来自www.eia.gov/oiaf/1605/coefficients.html；能源价格来自OECD ILibrary的《能源价格和税收统计》；1992—2002年二氧化碳/千瓦时数据来自http://205.254.135.7/oiaf/1605/pdf/appendix%20F_r071023.pdf。

注：每种化石燃料的绝对价格涨幅得自该燃料每单位二氧化碳系数乘以22美元/吨。电价的绝对价格涨幅由各国发电产生的二氧化碳/千瓦时平均数计算得来。价格增幅的百分比得自绝对价格涨幅与不同国家2009年当时价格的比较。假设该税种完全前转——事实上，某些税种可能以燃料供应商接受较低价格的形式进行后转。

给它们的碳排放量免了50%的税收。虽然这些欧盟内的下游企业被免了税，但理想的碳税改革还是应该向上游企业征收统一税费。[①]

---

① 有研究指出，对下游课税产生的效用要大于对上游征税。但是，在上游体系中，企业会将应缴纳的碳税转嫁到更高的煤炭、汽油和其他燃料价格中，因此，发电厂、机动车驾驶员等能够完全感知到燃料价格的上涨。

尽管经济合作与发展组织（OECD）国家的居民用电量多于企业用电量，但这些国家征收电力税的现象却十分普遍。它们征税的理由是为了环保，但是在实际动员人们减少碳排放方面，这样征税的环保效果却不如统一征税。电力消费税的征收无法鼓励人们使用清洁能源，也无法提高发电效率，更无法降低在能源行业外的碳排放量。在高能耗产业中，对煤征税可能更有环保效果。尽管征收煤炭的消费税没有改变能源消费结构（比如用无污染燃料代替天然气和燃油），但至少可以使企业为了减少生产成本而远离高污染的能源。①

机动车产权税（例如，消费税、注册费、每年的过路费）在这些国家征收得也比较普遍。然而，即使在交通领域，征收这些税（通常）也没能减少人们使用私家车的次数。按照税收制定者的计划，税收或许不能提高车主对于新能源经济的消费需求。②还是回到上文提出的观点：如果碳税不是基于一个合理的能源价格水平来征收的话，任何环保政策都无法达到实际效果。

2.2 收入使用

碳税能够提供一个实质性的新收入来源，这对于财政整顿而言特别有价值。在一个适度规模的碳税下的收入——大约每吨二氧化碳25美元（见第3章和第4章）——将占到很多国家（特别是对于那些能源消费量大的经济体，比如中国、印度和东欧）GDP的1%。作为一个粗略的经验法则，这项收入的5%可能被要求用来管理碳税。那么剩下的收入应该如何被使用呢？

将全部税收收入用于环境项目（例如，清洁技术补贴、气候融资、产品的

---

① 对于家庭电力税，要分清消费税和增值税。通常而言，家庭电力消费被纳入增值税（或销售税）范畴。这种划分是完全合理的，因为所有的家庭货物和服务的消费都应被纳入这些税种的课税范围，以避免在不同的消费产品中造成扭曲。另外，消费税只适用于电力行业，因此提高电价相对于其他最终产品的价格。如果有其他更为有效的减缓工具（如碳税），那么这些税种不建议采用。

② 最近的趋势是根据发动机排量或每英里的排放率来确定机动车购置税。尽管这些税种为提高燃料经济性提供了某种激励，但却不是成本最低的。这些税种在设计上过多地将减排负担从人转移到车辆，税率档次间隔小，却很少考虑其他机会，例如提高车辆燃油经济性，以便扩大档次间隔。这些设计扭曲了人们对不同车辆的选择，促使人们踊跃选择那些略低于下一个高档税率的车种。

研究与开发或者工厂补偿）显然是不太可能的。从碳税中获得的收入与用于环境项目上的支出无关。相反，这些项目需要通过额外的市场失灵（见下面）来调整自身，也就是说，和那些可用收入使用相比，它们需要产生经济福利。

使用碳税收入来提高经济效率最简单的方式是用它来支持削减扭曲性税收的税负。比如，所得税、工资税和一般消费税可能会（适度地）降低劳动力参与性和工作积极性，并且将导致生产力流向非正式经济。这是因为它们减少了投入正式工作所得的实际报酬（例如，能用给定工作时间内获得的报酬购买产品的数量）。同样，对公司资本投资收益所征的税和对家庭股息收入、资本收益所征的税都倾向于减少资本积累，低于高效经济所需的水平。使用碳税收入来支持削减扭曲性税种的税负可产生一定经济效益，例如提高（正式）工作的积极性和资本积累的激励。这也帮助"锁定"了碳税，当一个未来政府想要放弃这种税，它可能不得不从其他领域（政治上有些难度）增加税收来弥补损失的收入。

然而，相比碳税对能源价格和生产成本的影响，抵消这种收入循环效益对整体经济活动，如就业和投资，有着负面的影响。实际上，尽管收入循环有上述可能性，但碳税体系的总体成本还是处于盈余态势的，尽管非常少——考虑到目前的碳价规模，预计到 2020 年，碳税成本将占到发达经济体经济总量的 0.03%。[①]因此，在保护环境的前提下，碳税体制仍然需要进行调整。简单来说，一个有效的税收体系可以对破坏环境的碳排放征税，同时又可以通过宏观财政手段满足政府的财政收入需求。

碳税收入也可以用来削减财政赤字。如果它的使用可以避免对其他扭曲性税种的增长需求（无论短期还是长期）或阻止经济危机的发生，那么碳税收入的使用可以说是一种巨大的经济效益。碳税收入也可以用于补贴社会需求和公共开支——实际上，如果出现资金困难。发展中经济体用于教育、基础建设、卫生事业等公共投资的补贴是非常巨大的（例如，2009

---

① 随着碳税收入高效的使用，一种粗略的估算方法可以计算出碳税每年的经济成本：0.5×碳税×减排量。假设（来自 IMF,2011）每吨二氧化碳碳税 25 美元，2020 年某经合组织成员国排放总量为 110 亿吨，减排 10%，那么碳税政策的成本大约为 138 亿美元。再除以该经合组织成员国的 GDP49.5 万亿美元，便得出文中上述数据。

年 Collier 和其他人的研究报告）。碳税收入既可以用于国内的资金缺口，
如果私营企业在这些公益项目建设中出现资金困难的话（例如：如果没有
公共资金的支持，修建堤坝应对海平面升高这样的工程对私营企业来说还
是比较困难的）；也可用于国际上的气候融资（见第7章）。

但是，现在的关键是需要高效地使用碳税收入，以控制整个碳税体系的
总体成本。如果碳税收入没有得到有效的使用（例如，如果它们没有被用于
补贴其他税费的降低以提高劳动者工作积极性，或更糟糕的是用于浪费性开
支），这将极大地增加这项政策的总体成本。决策者们记住这一点是非常重要
的，尤其是在他们考虑使用碳税收入去补贴一些补偿方案的时候（见下面）。

不过，如何平衡环境保护和政府财政之间的关系仍然是一个难题。一
方面，碳税政策对减排的作用越高效，计税基数就会越来越小，碳税收入
也随之减少；另一方面，即使碳税政策对控制减排的效果并不成功，但从
税收的角度看，碳税政策仍然是成功的，因为它提供了一个成本低廉、相
对健康的税种以增加公共收入。

2.3 解决分配负担和产业竞争力问题

碳税政策推高了能源价格，从而有效减少了碳排放量，清洁能源技术
投资增加。但同时，它们可能对社会分配和产业竞争产生负面影响，反而
阻止碳税政策的引入。

至少在中等收入和高收入国家，由于富裕家庭收入增加，其在燃料和
用电方面的开支占家庭收入的比例逐渐下降。而贫困家庭用于能源开支的
比例越来越大。因此，他们将成为能源价格走高的受害者。[①]在低收入国
家，富人群体可能更容易受到伤害，因为相比贫困家庭（见第6章），他
们在汽车或电力使用方面的开支非常高，尽管他们通常在政治上非常有地

---

① 美国一项研究发现，例如，碳税占到收入最低的1/10人群年收入的3.7%，却仅占收入最高的
1/10人群年收入的0.8%（Hassett，Mathur，and Metcalf，2009）。低收入家庭的负担会随着时间推
移变得不那么明显，因为碳税的一部分负担被转嫁给资本和化石燃料的所有者。此外，并不是在某个
特定年份中收入较低的人都应被视为穷人，如高校的学生。

位，能够成功抵制能源税或获取类似税种的豁免权。简而言之，碳税政策通常与分配目标背道而驰，因此在实际操作中，碳税政策要尽量避免进一步恶化分配不公问题。

在贸易敏感行业，高能源价格也可能伤害到能源密集型企业的竞争力，因为它们很难将高成本转移到终端产品价格上来，并且一些企业将生产基地从本国转移到海外，从而引起碳排放泄漏问题（例如，一些企业增加在其他国家的排放量，减少在本国的排放量，但总排放量并没有任何减少）。

这些问题该如何解决？人为地控制能源价格（低于环境保护所需的价格水平）并不是一个好的对策，因为所有的利益都流向了别的家庭和公司，而不是目标群体。

有一种方法可以缓解对分配和竞争力问题的忧虑，并避免来自边境税调整措施的压力。它是按比例缩减先前存在、对环境保护没有多少效果的能源税费。在许多经济合作与发展组织国家，碳税对电价的影响至少部分可以通过降低已有税种的税费而被抵消。例如，削减对家庭用电和工业用电（2011 年 IMF 报告）征收的消费税。实际上，随着对碳排放的适当定价，对用电征收的消费税变得有些多余（从保护环境的角度看）。同样，许多国家对车辆征收的碳税能够通过削减机动车购置税的方式进行抵消（2011 年 IMF 报告）。

另一种方法是改变整体税制和福利制度，使用部分碳税收入适当地补贴目标群体。在低收入家庭需要缴收入税或工资税的国家，提高收入税的缴税门槛的做法被证明是对低收入家庭的巨大回馈（见第 8 章澳大利亚碳定价计划的讨论）。①并且，降低收入税和工资税的平均税率对提高工作积极性也有正面影响。在多数家庭不需要缴纳直接税的国家，碳税收入的一部分可资助低收入家庭，剩余的部分收入可用来补贴减少的消费税。对受影响的企业，短时的生产补贴或采用新型节能技术被证明可以抵消高能源价格对企业竞争力产生的不利影响。

---

①　如果人们接受所得税信用计划、暖气补助等项下的支付，那么支付的门槛应是没有接受补偿的收入水平。

　　然而，这些补偿计划的缺陷在于它们可能会牺牲掉碳税循环收入中的一部分潜在经济利益。例如，给低收入家庭补助并不能提高工作激励机制。在最有效率的经济体系中，用于抵消碳税对目标群体的负面分配影响的补偿要控制到最小规模，并且尽可能采取减税的方式进行，以减缓对整体经济产生的扭曲作用。

　　从原则上说，在碳税体系之外再辅以精心设计、执行彻底的边境税调整机制，可作为一种解决竞争力和碳泄漏问题的有效方法，并且边境税调整机制可以鼓励其他国家参与到碳税体系中来（不参加的国家将会受到惩罚）。

　　假定边境税调整措施的制定是真正出于经济问题的考量，而不是屈服于国内贸易保护主义的压力，那么在现实执行过程中存在两方面的挑战：第一，如果这些调整措施应用于许多产品，税率根据出口国的碳强度而有所不同，那么这些调整措施将很快陷入复杂的政治泥潭。但是，如果调整措施只集中于竞争力问题尤其尖锐的行业——主要生产半成品如化学品、塑料、原料金属（如钢、铝）和石油加工产品的企业，调整机制就会发挥其应有的效能。第二，这些调整措施有可能（取决于它们被如何解读）与自由贸易协定相冲突，在这种情况下，调整措施就需要进行灵活运用（即使可能因此变得低效）。

　　然而，另一种可能性是：如果控制对受损企业和家庭的有害影响的碳税政策在目前情况下不具可行性，那么被称为"碳综合税制"的一系列税收补贴政策可以实施。第1章解释了这些政策如何发挥作用，它们如何被应用于降低发电过程中每千瓦小时的二氧化碳平均排放量，如何提高汽车、电器和耗能机器等的能源效率。决策者们可以自由决定"枢轴点"：多少碳排放是超标或合格；低于或高于哪个能源消耗率，企业需要缴罚单或获补贴。更高的枢轴点意味着政策对能源价格的影响更小（这样更容易被接纳），尽管这也意味着更少的税收（更多的企业将获得补贴而不是罚单）。

　　从保护环境的角度看，不同于碳税体系，碳综合税制主要用于保护下游产业，其缺点是提供的激励机制太弱。例如，它并不鼓励人们减少开车，对减少使用耗电产品的激励机制也很少。并且，它也不能完全适用于上游产业（如冶炼行业），否则将增加行政费用和遵从成本（见下）。不过，在许多方面（尽管不全是）碳综合税制提供了一种相当有效、低廉的方法来减少碳排放量，并同时大大避免了对家庭和贸易敏感性企业的补贴需求。

最后，上述任何一种方法都不能缓解碳税体制施加在上游燃料供应商上的负担，尤其是国内煤炭行业。甚至对煤炭征收的税费大部分都转嫁到了上涨的价格上来，煤炭行业仍然不景气，利润下降，员工流失，还有因不合理的煤价而导致的政治压力。实际上（在没有广泛发展和应用碳捕捉和封存技术情况下），碳税的一个关键目的就是使人们减少或放弃使用煤炭。在这种情况下，可以采取一些补助措施，如员工再培训或工作调动计划（这些措施可能只使用了碳税收入中的很小一部分）。

2.4 管理与合规考虑

碳税征收点的选择应以最大化排放覆盖率、最小化监管和合规成本为目的，同时降低个人和公司逃避法定税的风险。就后者而言，通常会向涉及的最少数企业征收碳税——最明显的是，上游体系的管理和合规成本要比下游体系的低。[①]

即使按照上游方式，依然有许多选择。例如，在美国，石油行业的炼油厂数量远少于油井数量，这意味着对炼油厂征税要更容易些。用于制作焦油（既不会燃烧也不释放二氧化碳）的少量石油能够轻易免去按炼油厂标准征税收的税。

天然气主要用于为住宅和工厂供暖及发电。大部分天然气源于独立的气井，一小部分源于煤床。再以美国为例，与其向45万个气井征收碳税，还不如从约500个经营范围几乎涵盖石油储备和生产的最大经营企业收税，只有如此才能使管理成本更为合理。选择征税对象的另一种方式是，对加工企业和少量未经加工的管道运输的天然气收取碳税。

---

① 比如，在美国或者欧盟，一个上游政策可以应用于约 2 000 个企业，而下游计划则可以应用于 1.2 万个企业。

至于煤炭，最好是按照煤矿的生产水平（矿口的数量）收税，而非消费水平（电力公司和行业的水平）来征税。原则上，由于碳含量不同而对各煤炭种类征收的碳税应有所差别（无烟煤、沥青、亚烟煤和褐煤每百万英热分别产生103.6千克、93.5千克、97.1千克和96.4千克的二氧化碳）。如果没有这些差别，也许监管会变得更容易。[①]

精炼油产品、天然气和煤炭都需要经过海运，因此也要对港口的碳含量征收费用。[②]如果国内的产品出口到尚未征收碳税的地区，那么采取出口税则更加合理。

实际上，对于很多发展中国家而言，管理碳税只需要加强对化石燃料供应的监管，这比管理其他税种要容易得多，因此有必要将碳税纳入更为宽泛的财政体系。例如，在许多发展中国家中，个人所得税收入占比较低，这说明存在着许多地下行业，富人逃税/避税的现象普遍。

2.5　碳税的普及

在发达国家（二氧化碳等价物中），与能源相关的二氧化碳排放大约占温室气体排放的80%；而在发展中国家，二氧化碳的排放量相对要小些（由农业和森林砍伐产生的二氧化碳量相对比较多）。随着国际机构可靠的监控和审核能力的增强，一旦建立二氧化碳排放收费机制，将有利于推广采用税收体制，从而能整合其他的排放源头。

每个国家对亟需增加的资源的要求都不一样：对于一些发展中国家来说，也许植树造林是首选（潜在减排在一些容易实现的目标中有重大意义，每吨的污染气体减排成本相对较低）。

非二氧化碳温室气体主要成分是甲烷，还包括一氧化二氮、氟化硒化镓和六氟化硫，防止温室气体污染的成本也相对较低。将会适当地将一些

---

① 总量控制计划通常会将不同等级煤炭的碳含量决策制定权下放给相关机构，并且由同一机构来计算碳税。

② 这并不是问题。因为港口的数量对于每种燃料而言都是有限的，并且由于运输石油、天然气、煤炭的船舶吨位越来越大而更加有限，使得深水设施非常必要。

燃料（比如由地下煤矿和垃圾填埋地产生的甲烷）直接纳入正式的温室气体税收中。

其他的燃料能通过补偿项目来整合，在这个项目实施过程中，个人承担保证有效减排的义务（如在密闭的家禽粪便池中得到的甲烷）。在一个税收体制下，补偿条款的主要作用是减少总体排放量（在既定的排放价格范围内）。而排放交易机制最重要的作用是降低津贴价格（不影响总体排放）。对污染严重的企业来说，补偿是一种有效的补贴。然而，补偿条款需要通过周密的规划，来避免促使企业加大生产所带来的风险。

在一些案例中，有些排放很难被纳入碳税体系中。例如，由露天煤矿产生的甲烷（当表层土壤流失时，煤矿中的甲烷就会泄露出来，排放就很难捕捉）和由汽车空调因为处理不当或泄露而排放出的氟化气体。

国内固碳工程（减少森林砍伐、退耕还林、重新造林）也能通过排放补偿条款被纳入国内碳税体系。[①]但是想在这些项目中获得真正的碳利益还是具有相当大的挑战性（见第5章）。此外，如果树木之后被砍伐、腐烂或者燃烧，在树中固定下来的碳必然不会永远被保存，这就要就碳损失来分清买方或卖方的补偿责任。如受到国际木材价格不断上升的压力的影响，一个国家封山育林会增加开荒程度和各地的碳排放量。因此，当研究表明封山是一个减少二氧化碳的低成本选择时，决策者应对封山三思而后行，避免破坏碳税体系的有效性和信誉。

在发展中国家中，化石燃料供应商允许通过购买排放补偿项目获得纳税信誉，如通过清洁发展机制。迄今为止，这在限额交易体系中很普遍，但是在碳税体制中不是这样。同样，核实一个项目（如一个太阳能车间）是否在没有补偿的条件下仍得以进行非常具有挑战性（特别是当补偿支付与车间建设成本关系不大的时候）。对发展中国家来说，尽管国际补偿项目是一种具有潜在吸引力的能为清洁技术筹资的方式，但是当补偿项目建立时，应该逐步把它们纳入碳税体系下。然而清洁发展机制（CDM）目前是否有足够的能力来承担这么大的责任还是个未知数。

---

① 补偿计划可能会受限于主要的土地所有者（如大型造纸和森工企业）控制经营成本的做法。

2.6 碳税需要技术政策支持吗?

除了更有效地使用能源和保留大部分未开发的煤、石油、汽油、沥青砂和页岩气外,最终的目标是要逐步实现从使用传统化学燃料向使用无碳燃料的过渡(如太阳能、风能、核能、地热能、含封存技术的煤等能源)。如果市场没有设置碳排放价格,那么无碳燃料将迟迟不得引进。为未来可靠的碳定价机制开辟一条道路,是一个鼓励必要的技术投资的最重要的政治决策。正如第3章和第4章所讨论的一样,合理的建议是碳价应在一年内实际增长2%～5%左右。①然而,如果市场阻碍低碳技术的发展,即使碳税有着合理的时间规划,也许也不能为推动低碳技术的转变争取到充分的时间。

在重新引导技术变革和快速减少能源体系的排放密度前,关于是否应该迅速大幅提高碳税的话题一直存在争议(例如,Aghion, Veugellers, and Serre, 2009; van der Ploegand Withagen)。②原则上,即使决策者希望启动环保创新项目,但以有更多具体优惠的技术机遇为中心会是更好的选择,而不是为所有的减排机会提供全面、平等的优惠(尽管市场对私有技术有阻碍)。尽管如此,制定和完善技术政策依然困难重重。在这种情况下,更高的税价在促进更多创新方面具有一定的作用。

如果决策者过度强调眼前的创新补贴(以提供长期可靠的碳价为代价),就会面临诸多困难和挑战(包含在下文提及的困难中),如难以选出其中的佼佼者,提倡旧技术的人可能会获得补贴,因而会放弃长远的利益。

尽管如此,还是能在很大程度上克服这些困难,技术政策在完善碳税中起到重要作用。因为这些技术能够针对市场严重的缺陷(如对清洁技术的投资过低)。为了进一步了解这些问题,我们将私营研发和技术部署区别开来(由政府投资的基本能源研究同样重要,即使难以在这方面做出一

---

① 最后,有效的碳税路径可能会变得平缓,因为随着时间的推移,传统化石燃料逐渐枯竭,采掘的成本随之上升。

② 有些人认为,刚性的税收也是必要的,因为在道德层面,气候变化损害了子孙后代的利益,应该在低于市场利率的条件下贴现,这意味着未来气候变化的现值要高得多(见第4章)。

般性政治决策）。

2.6.1　私营研发

即使缴纳较少的碳税，由私营企业实施的清洁能源技术的研究仍可能不够充分。最重要的是，创新者人不能将多余的收益投资到其他公司，那些公司可能会抄袭别人的新技术或利用技术中有用的信息来发展它们自己的研究项目。虽然这个问题通常出现在私营部门的 R&D 中（为广泛的政策做出解释，鼓励所有的 R&D），但是这个问题在二氧化碳减排技术上更显严峻，由于政府对未来气候政策责任不明确，创新者无法确定清洁气候技术的长期需求。"网络外部性"表现了对市场引导的技术，如封存技术的阻碍。封存技术就是，利用管道运输设施将获取的二氧化碳转移到储存地点，这对公司有很大的益处。虽然鼓励与能源相关的研发项目的发展也许能将其他富有成效的研发排挤出社会，但是由于科学家和工程师来自不同的领域，所以将其完全排挤出去是不太可能的。

并不能完全确定应该使用哪种技术设备。正如在不同科技发展的情况下，要预先投资一大笔资金到研发项目中，要做出这样的决策十分困难。另一可行的途径是加强专利保护，特别是当私营企业比政府更清楚新技术的传播潜力时。当模仿依然很容易时，环保技术/创新奖就起到了很重要的作用，政府要意识到科技的潜在市场。还有一种可行的途径是，每一次新技术被其他公司采用时，政府要支付费用给创新者（费用金额与减排技术估计的价值一致）。尽管这项技术之后被其他公司完善，但不能确定哪家公司将来应该得到使用这项技术的费用。

简而言之，虽然私营研发清洁能源技术的主要动机是对碳价的完善，但它们需要严谨的规划，不同类型的技术，其设备也不同。如果迫切需要引导二氧化碳密集型的生产技术转向无碳生产技术，可以进一步选择当初较高的碳税。

2.6.2　技术推广

一项新技术引入市场后，将遭遇一系列障碍阻止其全面（社会有效性）推广和扩散，尽管分析师们会持续争论这些障碍的严重性。例如，普通家庭可能意识不到使用节能型机动车或电器可以节约能源；率先尝试使用新技术的企业通过"边干边学"的方式不断提高节能效率，但未能从后来纷纷效仿它的其他企业身上获得利益。

舆论宣传在技术推广过程中将发挥重要作用：如果消费者意识不到潜在的节能手段，那么政府部门可以提供信息指导（例如通过广告的方式），帮助大众解决这个问题。同样，补充的行政手段也可以帮助推动某一特定新技术的市场渗透，但需要注意的是，这些政策一定要精心制定，谨慎执行。然而，需要面对的一个问题是新技术的未来净效益不确定——有可能出现下行风险：相对于能源替代技术，采用新技术的最终成本也许比预期高得多，原因是燃料价格或者该技术所需的原材料价格发生变化。相比监管方式强行向市场渗透而不顾未来成本，定价工具（例如碳综合税制或新技术补贴）能更好地处理净效益不确定问题——在定价措施之下，无论政策激励如何，只要成本过于高昂，新技术都不会被企业采用。

另一个问题是推广政策必须是暂时性的，并随着技术成熟和广泛应用而逐步淘汰（尽管有来自游说团体的反对，他们希望这些有利政策能继续执行）。从理论上说，这种逐步淘汰需要提前告知社会，或以时间为准（例如该政策只实行15年，无论技术推广情况如何），或以市场效绩为准（例如无论什么时候技术推广目标完成，该政策就取消），或二者皆有。

2.7　国际问题

2.7.1　自上而下的方法

到目前为止，各国已经就国家层面的排放目标和补偿性支付问题进行了谈判。过去的二氧化碳排放大国现在已经成为发达经济体，但在未来几十年里，新兴经济体（如巴西、中国、印度、俄罗斯）占全球碳排放量的份额将逐步增大。为缓解气候变化问题，一个互信、高效的合作联盟必须至少包括人口众多的主要新兴经济体——中国和印度。

各国关于碳排放目标的谈判通常是争吵不断的，尤其是各国都制定了慷慨大方的减排补贴措施。提出这些措施的动机是可疑的，因为它们可以用来放宽其减排目标。并且，随时间实时更新的碳排放配额也是充满争议的，因为缺乏统一有效的气候政策，各国二氧化碳基准排放量的增长速率也是不同的。

　　相对于国家层面碳排放份额协议，各国就使用统一碳价（和以此价格为基础的年增长率）达成一个国际性协议所遭遇的挑战要稍微小一些。如果制定一个碳税征收底价，那么达成协议的前景会更乐观一些。这样的碳税底价有一定的吸引力，它可以为那些碳税价格相对较高的国家提供保护，并减少清洁能源技术创新的下行风险。①

　　一种可能的反对措施是各国可以通过"财政缓冲"（使用宏观能源税/补贴措施来破坏碳税制度的实施效率）或操纵其他一些政策（如放松对以煤炭为主要燃料的高污染企业的监管或者对在公共土地上开采化石燃料征收远低于市场价的开采税）来破坏碳税底价机制。这是一个潜在的主要问题，但也不必过于夸大。相对于精心设计的碳税制度，这些其他条款对碳排放的影响都是非常迟钝的，因此其削弱碳税对二氧化碳排放的控制还是很有限的。不过，一个全球性的碳税协议需要包含一些条款（例如由一个全球性组织来监管）以应对可能出现的消极抵制。

　　另一种对碳税协议的反对手段是一些国家可能放弃每年的排放目标。它们宣称未来气候变化是由多年来历史温室效应气体积累造成的，而不是任何特定年份的碳排放造成的。为此，一种折中方案是（如果决策者们还希望对碳排放保留一定的直接控制的话）可以将碳税底价机制和"碳预算"结合在一起。这可以方便各国灵活掌握每年的碳排放量（满足碳税底价），但在一段时期，如10年，碳排放累计总量不能超过规定的允许最大值（如果它们不能严格执行碳预算，那么将增加对它们征收的碳税）。

2.7.2　自下而上的方法

　　由于缺乏一个正式的国际性协议，一些国家可能启动自己的定价程序，并随后通过协商与其他国家碳税体系融为一体。一种声音认为：碳排放权交易体系可以在各国间产生"攀比效应"，最终推动各国达成一个国际性的气候协议，因为各国可以按商议的价格交易碳排放权，从而各取所

---

① 一个成功的先例是欧盟实施的最低消费税税率和增值税税率。

需。如果碳税包括对来自未加入碳税体系国家的进口商品征收的边境调节税，那么该税制也可以产生类似的攀比效应。当一个国家新近加入一个碳税协议，它就使用碳税收入补贴本国的出口产品——而最开始这些收入来自碳税协议中其他国家政府对这些产品征收的边境调节税。

2.7.3 国际航空航海领域的碳排放

第7章讨论了对国际航空航海领域碳排放征税的重大环境和财政案例，以及有可能的执行情况。由于征税目标的移动性，国际合作就显得尤为重要。例如，一艘商船很容易在港口获得免税的燃油补给。因此，目前在国际运输领域还存在着巨大的征税空间，是气候融资的一项重要潜在收入来源。如果在未来几年各国能就这些征税方案达成国际性协议，包括对发展中国家可接受的补偿方案，那么，这将为各国达成一个广泛的综合性碳税协议（挑战性大得多）提供一个重要的先例。

2.8 碳税执行案例

一些国家和地区对碳税的开征已经准备就绪（第8章将对碳税执行经验进行更广泛的深入探讨）。

通常（如先前推荐），这些税的征收都需遵循税收中性的原则。也就是说，当碳税引入后，其他税种将相应削减。例如，在澳大利亚，碳税收入的大部分都用于补贴因个人所得税征税门槛提高而造成的税收损失。

在其他一些案例中，参照第3、4章的讨论，碳税的价格看起来非常合理。澳大利亚在这方面再次做出了表率，2012年的碳排放价格为25美元/吨二氧化碳（尽管该政策实质是一个碳排放交易计划，并允许碳排放价格随时间而波动）。2008年，加拿大不列颠哥伦比亚省实施了一项遵循税收中性原则的碳税政策，其碳价为10.4美元/吨二氧化碳，随后逐步上升到30美元/吨二氧化碳。

不过，各国间的碳税价格存在的巨大差异，或许也暗含碳排放交易的商机（例如，经协商更合理的碳排放价格，允许高碳价地区的实体到低碳价地区购买减排信用额）。这种情况甚至在欧洲地区发生。例如从2005年开始，丹麦开始对化石燃料排放征收碳税，价格为114美元（80欧元）/吨二氧化碳。从1991年起，挪威就开始对化石燃料（除燃油消费税之外）征收21美元/吨二氧化碳的碳税。也是在1991年，瑞典实施了自己的碳能源税，价格为126美元/吨二氧化碳。中国正计划在几个试点城市实施温和的碳税政策，对重工业征收3美元/吨二氧化碳的碳税，预计到2012年提升至8美元/吨二氧化碳。

并且，由于不同的原因——尤其是为应对分配公平和竞争力问题而提出的免税和税优惠政策，以及反复重叠的各种赋税——对不同的燃料种类和燃料用户的征税价格通常也存在巨大的分歧，即便是在同一个国家里（例如，2011年在萨姆纳、伯德和波多斯的讨论文件，2012年在帕里、诺雷加特和海涅的报告均有提及）。然而，是否存在一个有力的案例可以拉平不同的税率，取决于需缴税（税率差距较大）的燃料种类和燃料用户是否对碳排放承担更大的责任。

2.9 结论

碳税的出现非常及时。当它们得到广泛应用的时候，环境将获得系统的、综合性的保护，全球温室效应气体将逐步减少，并为发展清洁能源技术提供跨越国界的激励机制，而不断发展的清洁能源技术将最终帮助稳定全球大气系统。从原则上说，碳税机制非常简单明了，易于制定和监管。从理论上说，碳税是根据燃料的含碳量按比例征收，通常应用于上游化石燃料供应链，例如在已有相关税种的基础上再对发动机燃料征收碳税。

一种反对碳税的观点是碳税收入有可能被挥霍浪费（更糟糕的是，用于补贴无生产效益的社会开支）。然而，随着碳税体系的不断推广，规范税收使用的相关法律条文也将应运而生。当这些法律条文还不能提前预测的时候，按今天的财政形势看，碳税收入不大可能被浪费，因为许多国家的政府为了控制财政赤字正在痛苦地削减开支，增加税收。另一种反对碳税的观点是那些有影响力的产业将寻求免税或补贴政策以缓解自己的税收负担，而低收入家庭将因高能源价格而承受过度的经济负担。为此，一些行之有效的方法可以应对处理这些问题，从能源和交通领域的减税，到宏观税制中削减针对贫穷家庭的税费，到生产补贴（可能的边境税调节），再到补偿受损失企业。还有另一种反对观点是担心一些国家政府放弃对碳排放的直接控制，但这样的担忧完全可以通过严格执行碳预算政策中一定时间段允许最大碳排放总量得以部分解决。

参考资料和延伸阅读

For a general discussion of pricing policies to address global climate change, see the following:

Aldy, J.E., A. J.Krupnick, R.G.Newell, I.W.H.Parry, and W.A.Pizer, 2010, "Designig Climate Mitigation Policy," *Journal of Economic Literature*, Vol.48, pp.903-934.

For details on existing emissions pricing programs, see the following:

Sumner, Jenny, Lori Bird, and Hilary Dobos, 2011, "Carbon Taxes: A Review of Experience and Policy Design Considerations," *Climate Policy*, Vol.11, pp.922-943.

Parry, Ian W.H., John Norregaard, and Dirk Heine, forthcoming, "Environmental Tax Reform: Principles from Theory and Practice to Date," *Annual Review of Resource Economics.*

For a good discussion of administrative issues for carbon taxes, see the following:

Metcalf, Gilbert E., and David Weisbach, 2009, "The Design Carbon Tax," *Harvard Environmental Law Review*, Vol.33, pp.499-556.

For a discussion of linkages between carbon taxes and the broader fiscal system, see the following:

Goulder, Lawrence H., ed., 2002, *Environmental Policymaking in Economies with Prior Tax Distortions*(Northampton, Massachusetts: Edward Elgar).

For a discussion on the burden of carbon taxes on different housebold income groups, see the following:

Hassett, K.A., A.Mathur, and G.Metcalf, 2009, "The Incidence of a U.S.Carbon Tax: A Lifetime and Regional Analysis," *Energy Journal*, Vol.30, No.2, pp.155-175.

For a discussion of the possible use of stiff carbon taxes to kick-start green technological innovation, see the following:

Aghion, P., R.Veugelers, and C.Serre, 2009, "Cold Start for the Green Innovation Machine,"Bruegel Policy Contribution 2009/12(Brussels).

van der Ploeg,F.,and C.Withagen,forthcoming,"Is There Really a Green Paradox?" *Journal of Environmental Economics and Management.*

For a discussion of the potential value of funding public spending (with carbon tax revenue)in developing economies,see the following:

Collier,P.,R.van dder Ploeg,M.Spence,and A.J.Venables,2009,"Managing Resource Revenues in Developing Economies," *IMF Staff Papers*,Vol.57,No.1, pp.84–118.

For some discussion of appropriate policies for addressing CO_2 and other adverse side effects of vehicles,see the following:

Parry,Ian W.H.,Margaret Walls,and Winston Harrington,2007,"Automobile Externalities and Policies,"*Journal of Economic Literature*,Vol.45,pp.374–400.

For a comparison of fiscal instruments for reducing emissions and raising revenue, see:

International Monetary Fund,2011."Promising Domestic Fiscal Instruments for Climate Finance."Background Paper prepared by the International Monetary Fund for the Report to the G20 on"Mobilizing Sources of Climate Finance."Available at:www.imf.org/external/np/g20/pdf/110411b.pdf.

第3章

稳定全球气候的碳排放定价[①]

瓦伦蒂娜·波塞提

意大利马特义基金会、欧洲地中海气候变化中心

卡罗·卡拉罗

意大利威尼斯大学

谢尔盖·帕利采夫　约翰·雷利

美国麻省理工学院

决策者所需的关键信息

● 如果没有重大的减排行动，预计"可能"全球大气温度在本世纪末会比工业化前的水平增长2.5℃到6.5℃。

● 虽然存在很大的不确定性，但是从2020年的约20美元起、每年增长3%至5%的全球碳排放税，应该和将温室气体浓度稳定在650ppm或将平均预期变暖温度保持在3.6℃的水平达成一致。如果目标是将大气中的温室气体浓度保持在550ppm或者平均预期变暖温度低于3℃，那么推荐两倍于此的起始税水平。

● 然而，如果仅将平均预期变暖温度保持在2℃，则《哥本哈根

---

① 本章基于为2011年9月16日举办的"IMF财政政策和气候减缓"研讨会准备的政策报告。我们要感谢迈克尔·基恩、伊恩·帕里和所有与会者提出的评论和建议。本文适用于通常的免责声明。

协议》（COP15）中确定的和《坎昆协议》（COP16）中重申的目标就太过雄心勃勃而难以实现。实现这个目标将需要未来的发展和大规模的技术部署（目前尚未验证的），这些技术按净计算，能将温室气体从大气中移除。如果这些技术得以研制成功，则《哥本哈根协议》承诺的到2020年预期变暖2℃的目标还是可以达到的，但是需要高度积极地即刻行动。

● 如果各国的行动推迟到2030年，那么就连将大气中的温室气体浓度保持在550ppm这个目标也会在技术上变得遥不可及。如果推迟对发展中国家排放的控制，则达成这一目标所需的（发展中国家的）近期排放价格将迅速攀升。推迟减排措施可能会非常昂贵，尤其是在大部分的能源资本都处于首次配置的新兴国家。延迟行动带来的额外费用随着紧缩目标迅速增加，如果推迟行动，那么一些更严格的目标会变得不可行。

● 为了在降低成本的同时公平地分担成本，对减排地点以及支付方式的决定应该分开考虑。减排应该在最有效的地方进行。如果从支付能力更强者向支付能力较弱者转移的机制上达成一致，那么公平问题就可以得到解决。协商转移机制可能是达成协议的难点之一。

● 在能源效率和可使用能源来源上的创新是必需的。碳定价（例如，碳排放税或者通过限额交易系统建立价格）为实现低碳经济所需的技术创新与技术采纳提供了一个机遇。

在本章中，我们讨论了符合替代目标（最终将以最低的经济成本和不同的方案让国家参与定价，稳定全球气候系统）的温室气体排放可能的定价路径。定价预测来自于全球气候系统的简化模型与全球经济的连接，带有不同程度的区域能源系统细节。鉴于不同的模型对于未来排放的增长，减排技术的成本和可行性等都有着不同的假设（在无政策的情况下），关于未来排放价格还存在很多不确定性。尽管如此，预测的模型仍然为决策者提供了一些参考，包括大致的符合替代气候稳定情境的（短期和长期的）碳排放价格的适当范围以及这些政策的成本。

在下一节，我们讨论在没有减排政策的情况下可能会出现的情况，未来温室气体排放的趋势以及这些对大气温室气体浓度增长的意义，最后讨论本世纪温室气体可能的排放量。我们也讨论了就避免变暖而言，对于大气温室气体积累的不同稳定目标的效益。在本章后面，我们提出了为达到理想（但不太可能真正实现）的早期和全面的全球合作的稳定目标，对排放定价和减排政策成本的预测，以及随着时间的推移在所有排放源上面的有效定价。紧随其后讨论的是与发展中经济体相比其他所有国家推迟减排的影响。我们简要地就气候稳定目标而言，评估了最近国家政府实施的减排。下一部分讨论各国减排成本的分配负担以及长期气候政策协商的潜在应用。在最后，我们为短期内务实的政策措施提供了一些想法。

3.1 排放和变暖趋势

3.1.1 排放

我们在预测未来的排放趋势上已付出了很多努力，而且 21 世纪的预测范围也很大。GDP 和人口扩张是未来的碳排放量增长的主要动力，尽管后者的作用预计在下半个世纪内会因为世界人口的稳定而逐渐消退。一些因素会抑制未来的排放增长，比如潜在增长的化石燃料价格以及能源效率的改善（例如，可以驱动更长距离的单位汽车燃料或需要更少能量来取暖的建筑）。各个预测模型之间存在的最大的不同点——同时也是导致排放预测不确定性的是对未来 GDP 增长的假设；化石资源的可用性；技术变革的速度和方向会影响低碳技术的成本和能源密集度；燃料的灵活性和节能系统的技术替代。除了这些因素之外，高排放国家是否和何时采取有意义的温室气体减排措施也是另一个不确定性。

在没有（有效）减排措施的情况下，与能源相关的二氧化碳排放（主要的温室气体）在 21 世纪预计将大幅增加。图 3-1 是一份最近由斯坦福大学能源模型论坛（EMF-22）组织的比较预测模型，它包括了 10 个世界领先的综合评估模型。[①]取平均值，化石燃料二氧化碳排放量将从 2000 年的 30Gt 增长到 2100 年的将近 100Gt。

---

① 见 Clarke and others（2009）；4 个综合评估模型参与了 14 个模型中的 2 个可选版本。

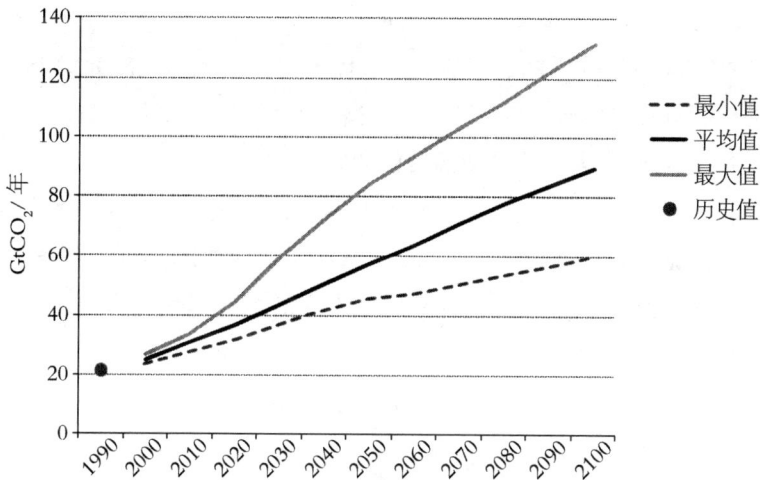

图3-1 21世纪预计与能源相关的排放

数据来源：作者根据EMF-22数据模型绘制。

注：图中的数据代表EMF-22研究中每个模型的预期中值。

不同地区对全球二氧化碳排放的贡献在模型里更稳定。经济合作与发展组织（OECD）的国家将占2100年的总排放量的15%～25%。尽管美国仍会是主要排放国之一，预计其全球排放份额将在本世纪从25%减少到10%。巴西、俄罗斯、印度和中国（BRIC金砖四国）到2050年将为总化石燃料二氧化碳排放量贡献大约45%～50%，其中至少有25%的排放量是来自于2020年以后的中国。到21世纪中期，印度将进一步占到全球排放量的15%。剩下的发展中国家预测将持续增长其排放量，从如今总排放量的17%～25%增长到2100年的25%～40%。

人为的二氧化碳排放主要与能源相关，但也有少量份额来源于工业生产，更多一些份额来源于土地利用变化，尽管如此，能源排放增长速度预计将超过另外两种二氧化碳的来源。破坏热带森林和泥炭土地为2000年全球二氧化碳排放量贡献了25%，这主要集中在热带国家，包括巴西、印度尼西亚和一些在中部和西非的国家。

虽然二氧化碳是全球气候变暖的主要元凶，但其他的温室气体也产生很大的影响，特别是《京都议定书》规定的其他五大气体：甲烷

（CH₄），氧化亚氮（N₂O）和一组所谓的 F 气体（HFCₛ，PFCₛ和 SF₆）。[①]目前，这些非二氧化碳气体占年度温室气体 CO_2-e 排放总量的大约25%，尽管如此，预计这些气体的排放量增长将慢于21世纪的二氧化碳排放量。[②]

3.1.2　对未来大气浓度和温度的影响

一旦被大气所吸收，一些温室气体便大部分不可逆——比如，排放的二氧化碳会在大气中残存大约100年。[③]如果没有重要的排放控制策略，大气的温室气体浓度预计会迅速增长。根据EMF-22纲要，预计大气浓度到2100年将从800ppm增加到1 500ppm CO_2-e。相比而言，2010年的浓度大约是440ppm。[④]

据估计，到目前为止，温度相比于工业化前的水平上升了约0.75℃，变暖大部分归因于大气温室气体的积累而不是其他因素，比如城市热吸收、火山活动和太阳辐射的变化（IPCC，2007）。然而，历史浓度的全面影响还尚未被感知，这归因于气候系统的惯性（海洋中的逐渐热扩散过程减缓了温度对温室气体浓度的调节）。

根据IPCC（2007），在没有温室气体减排政策的情况下，到21世纪末温度将"有可能"比工业化前高2.4℃~6.4℃（"有可能"指66%或者更高的可能性）。最近的一项在麻省理工学院进行的基于最新的气候和社会经济参数的研究预测，变暖的情况将加剧——有90%的可能性，温度将在2100年上升3.8℃~7.0℃，平均上升5.2℃。（Sokolov and others，2009）

另一份最近由Prinn和其他人（2011）发起的相当全面的研究将所有跨政府组委会（由IPCC代表），各国政府（包括从美国政府气候变化科学项目中所选的方案）和行业（由荷兰皇家壳牌代表）中的发现放在了一

---

①　F气体的主要来源有空调、半导体的生产、电器开关设备、铝和镁的生产。

②　其他物质也将影响未来的气候。这些包括氯氟化碳，其排放基本上在1987年《蒙特利尔议定书》中被淘汰，但是作为一种强大的导致气候变暖的物质遗留在大气中，还包括其他短期气候变暖物质，比如臭氧和颗粒物。这些物质给大气的 CO_2-e 额外增加了30ppm。在另一方面，一些物质，特别是硫酸盐，通过偏转进入的太阳光从而产生冷却效应。

③　甲烷的生命周期大约是12年，氧化亚氮大约是115年，而F气体的生命周期长达上千年。

④　区分所有温室气体和京都气体子集的浓度很重要。在2010年，二氧化碳的浓度大约是385ppm，京都气体的浓度大约是440ppm CO_2-e,而对于所有的温室气体而言，浓度大约是465ppm CO_2-e。更多关于此问题的讨论，请见 Huang and others （2009）。

起。Prinn 和其他人（2011）评估了在没有气候政策的情况下，到 2100 年，全球温度将从现在的水平增长 4.5℃ 至 7.0℃。更高水平的温度增长存在很多风险，其中有一些风险（特别是突发性气候变化的风险）还没有被研究清楚（见第 4 章和 IPCC，2007）。

3.1.3　防止在不同气候稳定目标下的气候变暖

国际谈判中讨论的稳定温室气体浓度水平常常需要大程度的减排。如图 3-2 中所表示的一样，一些更严格的标准已经被超过或在不远的将来会被超过。特别是，《京都议定书》里气体的 450CO₂-e 指标（控制在比工业化前水平高大约 2℃）即将被超过。

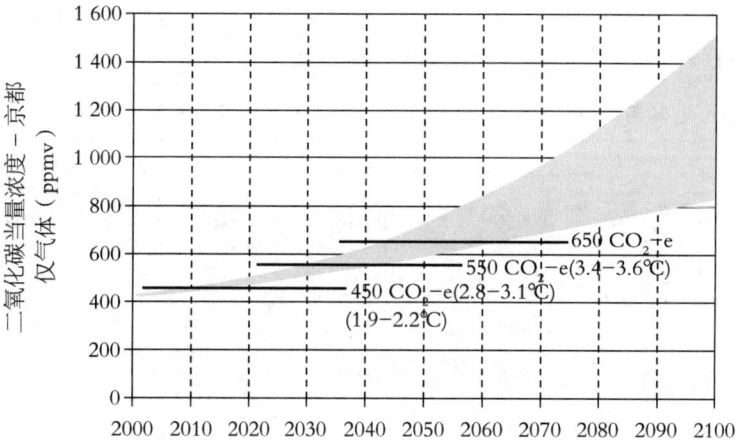

图 3-2　在缺少减缓措施下，不同二氧化碳当量和预期浓度之间的关系

Source：EMF-22（Clarke and others，2009）.

注：图中括号里的数据表示，假设气候敏感性的估值为 3℃，那么如果浓度稳定在特定水平，预计气温上升度数（相比于前工业化水平）。

尽管最严格的浓度目标难以达到，但是减少温室气体排放的有限行动将明显减少更极端的温度上升的可能性。比如，根据表 3-1 中的记录，稳定温室气体浓度在 660ppm 而不是在 790ppm，会降低在 2100 年气温增高 4.74℃ 的风险，从 25% 降至不到 1%。[①]

但是需要什么样的（短期和更长的）排放价格来满足替代性稳定目

[①]　表 3-1 中的估测不应该被太当真，因为它们取决于有关不同长期变暖浓度水平的可能性分配假设，这一点是不确定的。要点在于更极端的变暖后果的风险能够通过稳定更低水平温室气体浓度来大幅度减少。

标，以及这些定价政策的成本是多少呢？答案取决于，比如，哪些国家参与定价制度和实现减排的政策效率。我们在接下来的两节中将讨论这些问题，首先是具备早期和全面参与定价机制的理想全球政策，然后是更实际的方案针对于全部或一部分国家的推迟行动。

3.2　全球国家参与的气候稳定

这里我们考虑的政策提案，包括针对不同区域、不同的气体和时间提出的有效（例如，最小化成本）定价，以及能引发长期投资的绝对可靠的未来政策。理想的提案非常有助于理解整个系统的基本动态和拥有一个基准来评估更实际的政策方案如何偏离理想的政策。

表3-1　从前工业化水平到2100年全球平均海平面变暖的累积概率

	$\Delta T>2℃$	$\Delta T>2.75℃$	$\Delta T>4.75℃$	$\Delta T>6.75℃$
低于1 400没有政策	100%	100%	85%	25%
稳定在900	100%	100%	25%	0.25%
稳定在790	100%	97%	7%	<0.25%
稳定在660	97%	80%	0.25%	<0.25%
稳定在550	80%	25%	<0.25%	<0.25%

Source：Adapted trom Webster and others（2009）.

注：表中结果来自麻省理工学院整合全球系统模式的400个模拟结果，这些结果是根据模型中关于未来排放增长的不同假设和参数形成的。前工业化时期到2000年全球气温上升0.75℃，2000年以后气温上升的概率应从第一行的目标中减去0.75℃。

实现全球经济效率（例如，用最低全球经济成本来达到一个气候稳定目标）涉及不同国家间以相同的比率进行定价排放。这能够通过强制规定相同的温室气体价格来实现，具体体现在使用统一的碳排放税收系统或允许一个在所有国家和经济体所有领域的完全排放贸易。

这里的重点在于政策的全球总成本，而不是可能由单个国家承担的成本。如下面更进一步的讨论所示，不同国家分担减排成本负担存在大量的可能性。另一个需要注意的是，在热带国家减少森林砍伐和温带地区的重新造林的可能性，下面讨论的模型中并没有被提到，尽管它们可能对缓解气候变化具有重大贡献。[①]

3.2.1　碳排放价格和减排

表 3-2 总结了预计的排放价格（以 CO_2-e 为单位的全部温室气体排放，价格按 2005 年的美元计）和 EMF-22 中不同浓度目标的二氧化碳减排，范围包括允许和不允许短暂偏离长期稳定目标的案例。

表 3-2　　　**在气候稳定情境下的排放价格和减排：全世界的参与**

大气稳定目标，ppm 二氧化碳当量	2020 年预计排放价格（以 2005 年汇率计美元/每吨二氧化碳当量）	相对于 2000 年，2020 年的全球预计二氧化碳排放量百分比变化	相对于 2000 年，2050 年全球预计二氧化碳排放量百分比变化
450[a,b]	15~263	−67~31	−13~−92
550[b]	4~52	−4~50	−67~52
650	3~20	30~57	−16~108

数据来源：笔者对 EMF-22 数据集的阐述。

a：在这个示例中，只有有限的部分模型能够用以解决这个问题（即使存在过度反应）；因为它需要消极排放技术的开发和大规模部署。

b：包括的情形有两种：实现长期稳定目标的过程中存在/不存在过度反应现象；在 650 ppm 的情况下不存在过度反应。

2020 年全球碳排放价格将按照不同模型中 650 ppm CO_2-e 指标范围在每吨 3 美元至 20 美元。2020 年的排放价格在 550 ppm CO_2-e 目标下是每吨 4 美元至 52 美元（如果不允许超出规定，那么每吨是 10 美元至 52 美元）。对于 450 ppm CO_2-e 目标，在不允许超出规定的情况下，只有两个模型能找到解决方案；在允许超出规定的情况下，一半的模型是能够找到解决方案的，尽管 2020 年的碳排放价格一般在相当高的每吨 15 美元至 263 美元。

---

①　通过保护和加强全球森林碳储备，也许会找到重要的和相对低成本的减排机会。减少砍伐森林和森林退化产生的排放可以降低气候稳定政策总成本的 10%~25%，另外，与能源部门的政策相比，额外的削减约 20 ppm CO_2-e，并且没有额外成本（见第 5 章和 Bosetti and others,2011）。然而，具体政策落实可能会遇见以下问题（见第 5 章）：大部分的热带雨林国家尚未开发出相应的履行和监控措施来执行国家级项目，这可能会削弱 REDD 计划在下一个十年的作用。

模型不能够为更严格的目标找到一个可行方案的原因是浓度已经非常接近450ppm CO_2-e（表3-2）。将浓度稳定在450ppm CO_2-e需要全球经济即刻完全脱碳化，这在技术上是几乎不可行的。[1]同样，保持这样的目标水平意味着要大规模部署"负排放技术"来消除大气中的CO_2，特别是生物质发电加上碳捕获和储存技术（BECS）。不是所有模型都设计了要部署这样的技术，因为目前来说这些技术还具有高度的不确定性。[2]

随着时间的推移，对于成本效益而言，碳排放价格应该上涨到（大约）折现率（或利率），以期把增量减排的（现值）成本在不同的时间点上变得一样（在排放交易系统中，如果有完美的可置换性交易排放许可和其他金融工具，那么津贴价格将随着时间的推移以这个速度增长）。不同的建模假设有不同的（真正的）折现率，通常在3%~5%的范围内，因此碳价也将随着时间的推移以这种速度增加。

图示为减排（表示为相对2000年的排放的百分比变化）与其需要满足的在中短期不同的目标（见表3-2中第二列和第三列），依照图示，对于550ppm和650ppm浓度来说，减排量没有多大的差异——但是对于450ppm CO_2-e的提案来说，即使是在短期内都需要非常大的减排。

3.2.2 政策成本

在理想的情况下，成本的降低应该用经济福利的损失来衡量（见第1章和Paltsev and others，2009），尽管GDP损失更常见于气候政策模型中。

EMF-22显示，对于稳定650ppm CO_2-e，GDP成本的净现值（折扣率为5%）在0万亿美元到24万亿美元（2005年美元）；稳定550ppm CO_2-e，GDP成本的净现值在4万亿美元到65万亿美元（2005年美元）；稳定450ppm CO_2-e，GDP成本的净现值在12万亿美元至125万亿美元。

图3-3报告了在考虑不同程度的参与（全面参与和延迟的参与）和在有或没有超过目标路径的情况下，为达到三个不同的稳定水平每个参与模型所需的成本。如果是在全面参与的情况下，成本表示为全球GDP1%的现值，对

---

[1] 少量的温室气体可以排放以抵消大气中温室气体的逐年衰减。

[2] 另一个负面的排放可能是过滤器直接移除大气中的二氧化碳，但是这些技术（十分昂贵并且在如今是能源紧密型的）并没有纳入EMF-22模型。

于三个浓度目标来说，大约分别是 0.1% 至 1.5%，0.3% 至 2.8%，2.7%。

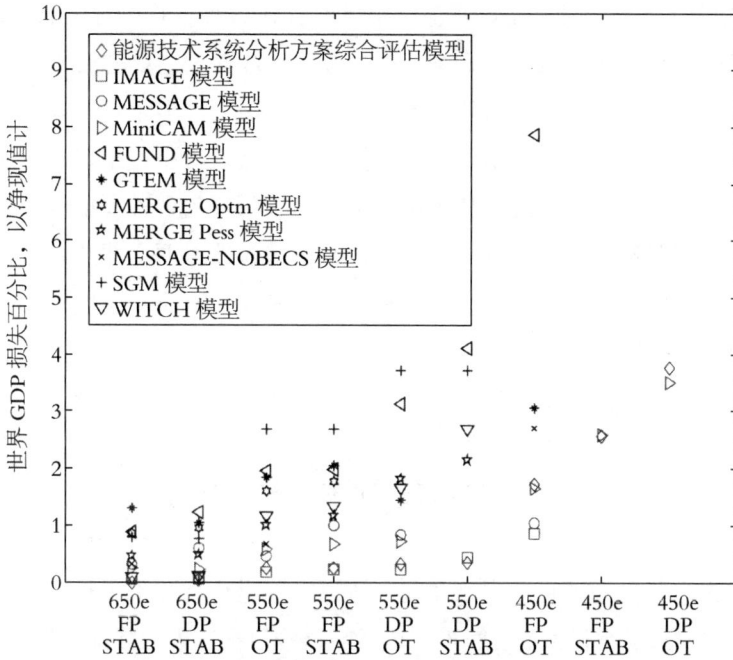

图 3-3　由模型推算的 EMF-22 数据集合政策成本

Source：Tavoni and Tol（2010）.

注：浅色表示含生物质能发电以及碳捕获和存储（BECS）的模型；深色表示不含 BECS 的模型。

FP = 发展中经济体全面、立即的参与

DP = 发展中经济体延时参与

STAB = 未超过目标

OS = 目标可能超出合理范围

美国 CCSP 也报道说（Clarke and others，2007），气候政策的成本随全球 GDP 的比例减少，但不是净现值，它们在不同的时间内报道损失。在这项研究中最严格的稳定水平几乎等于 550ppm CO_2-e （450ppm 时只考虑 CO_2 的贡献）。与没有气候政策的情况相比，世界 GDP 的损失为 2040 年的 1% 至 4%，以及 2100 年的 1% 至 16%。

排放定价将在最低价格削减领域引入减排。不同模型对于减排的时间有着不同的观点，但是大部分的预计都认为能源生产部门将是最先引进低碳排放（例如，天然气）或几乎无碳排放技术（例如，核能、水能、可再生能源）的部门，因为在这些部门中已经存在各种各样的经济替代物。[1]运输里的少排技术（例如，汽油/电力混合动力汽车，更省油的传统型汽车）和建筑以及工厂里的节能技术也同样很有潜力，但是目前来看它们非常昂贵。农业和水泥生产中温室气体排放的实质性减少也是很昂贵的，但是为了实现气候稳定，经济体里所有部门的排放都需要被大幅度降低。

对于更严格的气候稳定目标，这些减排很显然需要立即开始执行。只有我们对低排技术的可用性、成本和部署的速度保持乐观态度，才可能延迟大规模减排行动的时间。负排放技术允许更进一步的自由度。然而，依赖一个可能达不到预期的技术性未来存在完全错失目标的风险。

3.3　推迟行动和不完整的参与

在这一节我们会讨论国家间定价协议中推迟行动和不完整的参与将会如何影响气候稳定目标的可行性，以及与这些目标有关的减排价格和成本。

对于一个给定的稳定目标，推迟的全球行动意味着一旦全球温室气体排放达到最高值，则必须以一个更快的速度来减低，这就要求有一个及时的高成本资本替换。实际上，依照大部分的模型，如果世界继续依照日常的贸易直到2030年，那么把浓度稳定在550ppm CO_2-e 将不再具有可能性。虽然说即使全球范围内雄心勃勃的减排政策被推迟到2020年，这个目标可能仍然是可行的，但是这种延迟可能会大幅扩大全球减排成本。

比起全球的无所作为，我们更有可能将面临的是不对称的地区行动。在接下来的十年，一些发达国家将计划实施重要的减排行动（例如，欧盟已经声称到2020年，将比1990年减少20%的温室气体排放量）。然而，新兴国家不太有可能在未来的十年为减排做出巨大贡献。

即使扩大了那些可行的稳定场景的全球成本，不对称的参与可能也会阻挡一些更严格的目标的达成。与发展中国家的无所作为相冲突的是在未

---

[1]　Jacoby, O′Sullivan, and Paltsev（2012）考虑到最近的页岩气开发，对天然气在潜在美国气候政策中的角色进行了评估。

来几十年大部分排放将来自非经合组织国家。

如果二氧化碳排放在一些主要排放国不受监管，那么会出现一些低效率情况。在一定的时间点上，没有缓解政策的国家将不能充分利用低成本减排机会，而其他国家必须承担更大的负担来降低成本。一个动态的低效也将出现，因为未监管的国家会有大部分的新投资。快速发展的国家会把投资锁定在生命力长的技术上（例如，一个新的煤车间也许会被使用50年），而不是化石技术，因为之后转向低碳技术会变得越来越昂贵，或者根本不可能。最后，没有参与的国家可能会对更低的化石燃料价格（由于参与国下降的燃料需求）做出反应，并且增加它们的排放，从而部分抵消了早期运动者的环境效益，尽管研究表明这些碳泄漏的影响不是很大。[①]一个经常被经济学家们所讨论的解决方案是，使用激励机制（例如，清洁发展机制的创新）来减少发展中国家的排放，并且控制碳泄漏。

图3-3再次报道了EMF-22，而EMF-22广泛地调查了不完整的国家参与气候协议的结果。我们现在专注于每一个稳定的水平下推迟参与的情况。

主要结果是，即使在那些有限数量的表明了450ppm CO_2-e稳定场景与早期完全全球合作减排是可行的模型里（例如，拥有BECS技术的模型），除非有经合组织立即进行缓解行动，而且金砖国家和世界其他地区分别保持在正常路径上直到2030年和2050年，不然目标也可能会变得不可行。

如果发展中国家的参与时间被推迟了，一半的模型都无法找到一个可行的投资来允许达到550ppm CO_2-e的目标。同样，在超过规定的情况下，经合组织国家的二氧化碳排放价格在2020年将平均面临1/3增长。在另一方面，发展中国家推迟的参与对于650ppm CO_2-e的成本而言没有太大影响。在这种情况下，在21世纪后半叶所有国家额外的减排规模将会更大，用来抵消早期发展中国家的预计减少量，同时保持浓度目标。

---

① 大部分的研究报道了《京都议定书》目标的碳泄漏范围在5%~15%。见IPCC（2007），11.7.2.1部分，网址：http://www.ipcc.ch/publications_and_data/ar4/wg3/en/ch11s11-7-2-1.html.

图3-3还指出了广泛的模型分歧，这是根据技术替代的灵活性的假设，还有BECS可用性的假设（图3-3中浅色和深色的制造者将有BECS技术和没有BECS技术区分开来）。

可用技术和它们将要被部署的速度不仅能够至关重要地影响任何气候政策，也会影响我们要达到保持气候稳定的目标可以等待的时间。气候目标或之后的缓解行动开始得越晚，那么发展我们还未完全了解的具有潜在应用的技术（例如BECS和CCS）就越紧迫。这显然需要对这些技术、研究、发展的成本和潜力做一个详细和现实的估计，并且需要保证它们拥有一定的稳定性。另外，还要评估它们潜在的阻碍和可能产生的副作用（例如，储存地的碳泄漏），这些副作用也许和它们大规模的部署有关。

我们目前所讨论的预测如何与气候协商的当前状态相比较呢？在2011年南非的德班（COP-17）气候变化会议中，大会首次正式同意发展中国家应该成为任何未来国际排放控制政体的一部分，尽管在2020年以前任何控制政体都无法正式实施。在德班会议之前，在丹麦的哥本哈根2009 COP-15以及墨西哥的坎昆2010COP-16中，各国就提交它们的减排"保证"一事达成一致，大部分发达国家提交了它们相对于1990年、2000年或2005年的减排目标。[1]巴西、印度尼西亚、墨西哥、韩国和南非提出了相对于正常贸易的减排，[2]中国和印度提交了碳紧密型减排目标（例如，每单位GDP的二氧化碳排放）。一些承诺带有附加条件，比如提供金融和技术或来自其他国家雄心勃勃的行动，还有一些承诺带有一系列附加条件，这使得它们在执行上具有一些灵活性以及一系列潜在的结果。

因此，这些关于2020年全球温室气体排放的承诺将取决于承诺的实现情况和被应用的规则。根据《哥本哈根协议》的承诺，很多科学组都已就2020年全球温室气体排放进行了估测。2010年排放差异报告（UNEP，2010）收集了这些检测值，表明在2020年当国家将它们的承诺执行到它们更严格的形式中时排放可以低至49 $G_T CO_2$-e（范围在47

---

① 加拿大、欧盟、日本和美国的典型目标是相对于2000年水平的温室气体20%的减排范围。

② 表示基线排放量的目标尤为棘手，因为根据基线投影可以用非常不同的方式来解释它们。

$G_T CO_2-e \sim 51\ G_T CO_2-e$），或者如果承诺被执行到更宽松的形式中时排放可以高至 53 $G_T CO_2-e$（范围在 $52G_T CO_2-e \sim 57\ G_T CO_2-e$）。

符合一个可能满足 2℃ 限制的排放途径一般在 2020 年之前达到高峰，在 2020 年的排放水平约 44 $GTCO_2-e$（范围在 $39G_T CO_2-e \sim 44G_T CO_2-e$），并且在极速减排之后，达到一个长期的负排放。因此，《哥本哈根协议》承诺应用的范围不一定会排除 2℃ 的目标，因为这两个范围相互之间的差别不是很大。然而，如先前讨论的那样，超过规定值越多，后半世纪所需的脱碳就要越快。

3.4 减排成本谁来承担?

谁来承担减排成本？谁又来实际进行减排措施？区分这个问题十分重要。例如，发展中经济体所实行的减排活动可能是由发达经济体通过排放抵消计划资助进行的。全球内分配的可排放定额（通常由固定对象决定）会影响成本以及谁来支付成本。该分配问题也与税收以及许可有着密不可分的联系。学者们已经对参与国间减排量的分配可能性进行了分析，减排量可以根据等百分比减少量、人均国内生产总值、人口、排放密度、历史责任以及其他可替代因素来设定。由于任何一项计划都会不均衡地在社会经济指标的不同方面给国家带来收益（或者费用），因此没有哪一条准则能满足所有参与国。

在寻求全球排放目标的过程中有两大互倚的公平问题亟需解决。第一，需要奖励或者补偿参与减排的发展中经济体，要遵从一般的责任原则但要有所差别。第二，由于发达经济体所支付的减排成本以及补偿数额巨大，它们也需要在内部找到可接受的成本分摊方式。简单的减排规定无法应对不同国家及其不同的情况。

要想成功地进行气候谈判，就要充分理解利害攸关的巨额成本。打个比方，据雅各比等人（2009）估计，以 2000 年为基年，到 2050 年，实现全球减少 50% 的温室气体排放量（假设全球参与排放定价）。如果发展中经济体（包括中国和印度）在到 2050 年的这段时间内能得到减排成本的完全补偿，那么发达经济体的平均成本相当于2020年国内生产总值的2%（参照水平），而到2050年这一数值升为10%。[①]这其中隐含了巨额的财政转移——预计到2020年每年超过4 000亿美元，到2050年上升至30 000亿美元——其中美国在2020年和2050年承担的份额分别为2 000亿美元和10 000亿美元。

假设发展中经济体需要完整的补偿，这一点是很极端的。而且，如果它仅仅包括直接减排成本而不包括其他损失，那么补偿的金额会更小，这可以通过贸易条件效应达到。[②]尽管如此，在更加咄咄逼人的气候稳定目标之下的国际金融转移将保持前所未有的规模，并且看起来非常不现实（至少在近期）。[③]这进一步强调了当发展中国家预期大量补偿的时候，要想在快速气候稳定上达成一项全球性协议将面临巨大的挑战，而这种挑战只会随着时间的推移而增长。

而另一个问题是，除了数量很大，减排成本在不同国家之中也有很大的不同。比如，能源出口型国家的减排成本更高，而能源进口型国家由于更低的化石燃料价格而拥有一些贸易条件盈余，更低的价格减少了它们参与排放控制政体的成本。更依赖于碳紧密型燃料的国家的减排成本和那些使用低效减排工具的国家所需的花费会更高。可能的气候变化损失在国家间大不相同，而且会以各种不同的方式来体现。所有这些分配影响都需要被仔细研究，因为它们使长期气候稳定政策的协商变得复杂。

3.5 结论

这一章所讨论的在技术、经济和实际操作性上严峻的现实，可能会让

---

① 这里面所需的碳价正从2020年的75美元/tCO$_2$上升至2050年的400美元/tCO$_2$。

② 在这种情况下，对发展中国家的年度金融转移比2020年低770亿美元，比2050年低1 080亿美元（Jacoby and others，2009）。

③ 《哥本哈根协议》目标中提到的到2020年每年从"大量不同来源"的气候财政中增长1 000亿美元的目标在这一点上看起来十分极端（见第7章）。

有迅速实现气候稳定这一想法的拥护者失望了。如果要将平均计划变暖程度控制在工业化前的水平到2℃之内，或者说，将大气中的温室气体的浓度稳定在450ppm（大概就是现在的水平），还需要在世界范围内控制气体排放政策的迅速执行和21世纪后期对负排放技术的全球性的部署，从而实现在浓度目标超标了一段时间之后还能逆转大气层的聚集。即使是550ppm的目标（平均计划变暖温度为2.9℃）也是极具挑战性的。不仅因为必需的排放价格迅速上涨会导致全球温室气体的控制明显延后，而且每年提供给发展经济体的补偿性转让金额也非常巨大，另外，如何规划也颇具争议。而另一方面，匹配于目标为650ppm的近期排放价格则显得比较适中，降低排放量的计划延迟也没有那么严重，不过这个较低的目标显然为可怕的气候变暖埋下了隐患。

巨大的不确定性——包括既定的大气浓度目标对应的气候变化程度和一旦地球迅速变暖，我们是否能开发出使气候快速稳定下来的技术的能力——指出了两件事的重要性。一是要在近期内将政策结构落实到位。二是要延后那些需要在长远的未来，某些不确定性被解决之后才能做出的关于缩减排放量的决定。以棒球场的二氧化碳排放价格为例，2020年以20美元一吨的价格应用于主要排放国家（发展中国家和发达国家）还算合理，这大体上与第4章讨论的收益成本法提出的排放价格一致。发展中经济体的补偿项目在这个定价程度下应该也更容易管理。

参考资料和延伸阅读

For details on the EMF-22 modeling exercise, see the following:
Clarke, L., J.Edmonds, V.Krey, R.Richels, S.Rose, and M.Tavoni, 2009, "International Climate Policy Architectures: Overview of the EMF 22 International Scenarios," *Energy Economics*, Vol.31(Supplement 2), pp.S64-S81.

For and overview of future emissions reduction pledges by different countries, see the following:

www.unep.org/climatepledges.org.

For a discussion concerning the potential role of bio-energy and carbon capture and storage(CCS)technologines on the costs of stringent policy,see the following:

Tavoni,M.,and R.S.J.Tol,2010,"Counting Only the Hits?The Risk of Underestimating the Costs of Stringent Climate Policy,"*Climatic Change*,Vol.100,pp.769-778.

For a discussion about potential technological and economic obstacles for air capture technologies,see the following:

Ranjan,M.,2010,"Feasibility of Air Capture"(Master's thesis;Cambridge,Massachusetts:Engineering Systems Division,Massachusetts Institute of Technology), avaiable at http://sequestration.mit.edu/pdf/ManyaRanjan_Thesis_June2010.pdf.

Other publications:

Babiker,M.,J.Reilly,and L.Viguier,2004,"Is International Emissions Trading Always Beneficial?"*Energy Journal*,Vol.25,No.2,pp.33-56.

Bosetti,V.,and J.Frankel,2009,"Global Climate Policy Architecture and Political Feasibility:Specific Formulas and Emission Targets to Attain 460 ppm CO_2 Concentrations,"NBER Working Paper No.15516,(Cambridge,Massachusetts:National Bureau of Economic Research).

Bosetti,V.,R.Lubowski,A.Golub,and A.Markandya,2011,"Linking Reduced Deforestation and a Global Carbon Market:Implications for Clean Energy Technology and Policy Flexibility,"*Environment and Development Economics*,Vol.16,No.4, pp.479-505.

Clarke,L.,J.Edmonds,H.Jacoby,H.Pitcher,J.Reilly,and R.Richels,2007,"Scenarios of the Greenhouse Gas Emission and Atmospheric Concentrations,"Subreport 2.1 A of Synthesis and Assessment Product 2.1 by the U.S.Climate Change Science Program and the Subcommittee on Global Change Research(Washington:Department of Energy,Office of Biological and Environmental Research).

Edenhofer,O.,C.Carraro,J.C.Hourcade,K.Neuhoff,G.Luderer,C.Flachsland,M.Jakob,A.Popp,J.Stechel,J.Strohschein,N.Bauer,S.Brunner,M.Leimbach,H.Lotze-Campern,V.Bossetti,E.de Cian,M.Tavoni,O.Sassi,H.Waisman,R.Crassous-Doerfler,S.Monjon,S.Dröge,H.van Essen,P.del Río,and A.Türk,2009,"RECIPE—The Economics of Decarbonization,"synthesis report.Avaiable at:www.pik-potsdam.de/recipe.

Huang,J.,R.Wang,R.Prinn,and D.Cunnold,D.,2009,"A Semi-Empirical Representation of the Temporal Variation of Total Greenhouse Gas Levels Expressed as

Equivalent Levels of Carbon Dioxide,"Report 174 (Cambridge, Massachusetts: Massachusetts Institute of Technology, Joint Program on the Science and Policy of Global Change) , available at http://globalchange.mit.edu/pubs/abstract.php? publication_id-1975.

IPCC, 2007, *Climate Change 2007: Mitigation of Climate Change*.Contribution of Working Group III to the Fourth Assessment Report of the Intergovernmental Panel on Climate Change, 2007.(New York: Cambridge University Press).

Jacoby, H., M.Babiker, S.Paltsev, and J.Reilly, 2009, "Sharing the Burden of GHG Reductions,"*in Post-Kyoto International Climate Policy: Summary for Policymakers*, ed.by J.Aldy and R.Stavins (Cambridge, UK: Cambridge University Press) , pp.753-785.

Jacoby, H., F.O´Sullivan, and S.Paltsev, 2012, "The Influence of Shale Gas on U.S. Energy and Environmental Policy,"*Economics of Energy and Environmental Policy*, Vol.1, No.1, pp.37-51.

Morris, J., J. Reilly, and S.Paltsev, 2010, "Combining a Renewable Portfolio Standard with a Cap-and-Trade Policy: A General Equilibrium Analysis,"Report 187 (Cambridge, Massachusetts: Massachusetts Institute of Technology, Joint Program on the Science and Policy of Global Change) , available at: http://globalchange.mit.edu/pubs/abstract.php?publication_id=2069.

Paltsev, S., J.Reilly, H.Jacoby, and K.Tay, 2007, "How (and Why) Do Climate Policy Costs Differ Among Countries?"in *Human-Induced Climate Change: An Interdisciplinary Assessment*, ed.by M.Schlesinger, Haroon S.Kheshgi, Joel Smith, Francisco C.de la Chesnaye, John M.Reilly, Tom Wilson, and Charles Kolstad (Cambridge, UK: Cambridge University Press), pp.282-293.

Paltsev, S., J.Reilly, H.Jacoby, and J.Morris, 2009, "The Cost of Climate Policy in the United States,"Report 173 (Cambridge, Massachusetts: Massachusetts Institute of Technology, Joint Program on the Science and Policy of Global Change) , available at http://globalchange.mit.edu/pubs/abstract.php?publication_id=1965.

Prinn R., S.Paltsev, A.Sokolov, M.Sarofim, J.Reilly, and H.Jacoby, 2011, "Scenarios with MIT Integrated Global System Model: Significant Global Warming Regardless of Different Approaches,"*Climatic Change*, Vol.101, No,3-4, pp.515-537.

Sokolov, A., P.Stone, C.Forest, R.Prinn, M.Sarofim, M.Webster, S.Paltsev, A. Schlosser, D.Kicklighter, S.Dutkiewica, J.Reilly, C.Wang, B.Felzer, J.Melillo, and H. Jacoby, 2009, "Probabilistic Forecast for 21st Century Climate Based on Uncertainties in Emissions (Without Policy) and Climate Parameters," *Journal of Climate*, Vol.22, No.19, pp.5175-5204.

United Nations Environment Programme, 2010, "The Emissions Gap Report: Are the Copenhagen Accord Pledges Sufficient to Limit Global Warming to 2℃ or 1.5℃ ?A Preliminary Assessment" (Nairobi: United Nations Environment Programme).

Webster, M., A.Sokolov, J.Reilly, C.Forest, S.Paltsev, A.Schlosser, C.Wang, D.Kicklighter, M.Sarofim, J.Melillo, R.Prinn, and H.Jacoby, 2009, "Analysis of Climate Piolicy Targets Under Uncertainty" (Cambridge, Massachusetts: Massachusetts Institute of Technology, Joint Program on the Science and Policy of Global Change) , available at http://globalchange.mit.edu/pubs/abstract.php?publication_id=1989.

［第4章］

碳排放的社会成本：在政策分析中评估碳排放量的减少①

查尔斯·格里菲斯　伊丽莎白·科皮兹　阿列克斯·马腾

克里斯·摩尔　史蒂夫·纽博尔德　安·沃尔弗顿

美国环境保护局　国家环境经济中心

决策者所需的关键信息

● 科学家预言，如果不采取措施控制持续增加的温室气体，气候变化将会持续，并导致气温升高、海平面上升、地球出现骤变的可能性增加，同时可能对农业领域、生态环境、人类健康以及更多方面产生消极影响。

● 这些影响会随时间推移而发生极大变化，对不同地理区域所造成的影响也各不相同，由于适应机会有限，经济过分依赖受环境影响大的部门，发展中国家可能会因此遭受不成比例的损失。

● 社会碳成本是指额外排放一公吨二氧化碳所造成的未来气候变化的贴现值。

● 美国政府最近开发了一套社会碳成本评估体系用以对影响二氧化碳排放的新政策进行成本效益分析——正常情况下评估值为 2010 年每

---

① 这一章所表达的观点仅代表作者本人，不代表美国环境保护局的立场。我们感谢 Joe Aldy，Terry Dinan，Robert Mendelsohn，Michael Keen，Ian Parry 和 Tom Tietenberg 提出的有益评论以及建议。

吨排放 21 美元（2007 年美元）。

- 如果其他国家接受政策评估以及方法论设想，二者为碳评估的基础，则可以用社会碳成本估算体系进行收益-成本分析或是帮助设定国内碳价格政策的初始级别。

- 如果其他国家希望反映根本上不同的设想，建立长期战略以估算排放减少量或者评估为实现长期目标而制定的成本效率政策，则应当考虑建立本国的社会碳成本评估。

SCC 评估应当随时间不断更新以反映排放的变化、大气浓度、经济条件以及科学知识的进步。

人类活动产生的温室气体（GHG）排放，主要来自化石燃料的燃烧、森林砍伐和农耕活动，温室气体正不断在大气中积累并且改变了地球的气候和其他自然系统。[①]1850 年到 2005 年间，大气中的二氧化碳浓度（主要是人为排放的温室气体）从 280ppm 增加到了 380ppm。其他温室气体在大气中的积聚日益增多，极大程度上导致年均地表温度较工业化前水平上升了接近 0.8℃。上升的温度也导致了海平面的上升——20 世纪平均上升了 20 厘米。如果没有严格的政策行动来减少温室气体的排放，到 21 世纪末，大气中二氧化碳的浓度预计会持续上升，同时全球年均地表温度很可能上升 1.1℃～6.4℃，平均海平面将再升高 20～60 厘米。尽管大气中温室气体的浓度上升至 2000 年的水平后立即趋于平稳，但科学家估计平均地表温度可能由于气候系统内在的延迟反应（见第 3 章对排放及气候趋势的进一步讨论）而再上升 0.3℃～0.9℃。温度上升和浓度改变不会均匀地分布在全球——这些变化的特定量级、方位和空间模式都十分不确定并且仍处于科学研究中。

此外，科学文献对潜在的"气候灾难"发生的可能性及性质的关注与日俱增，即温室气体浓度的增加导致高密度且变化极小的地球系统发生了变化。这可能会引起格陵兰岛的冰洋和南极西部的冰川融化或者大西洋环

[①] 化石燃料燃烧每年产生 26G$_T$ 的二氧化碳，土地利用变化又会产生 6G$_T$ 的二氧化碳。其他有效温室气体主要来源于农业活动，比如甲烷和一氧化二氮。本章的数据引用摘自气候变化工作组政府间专业委员会《政策制定者总结》（IPCC,2007）。

流发生变化。这种自然环境的改变很大程度上改变了周期性天气模式，释放了大量额外的温室气体，包括甲烷沉淀、大量热带雨林和北方森林枯死，以及海洋酸化导致海洋食物网发生瀑布效应。然而，量化量级，以及计算这些潜在风险所带来的物理和经济影响的时间，仍处于研究初期阶段。

当前及预期的气候变化预计将对全球的经济社会产生广泛的消极影响，包括（但不限于）海岸区域被淹没，农业产量减少和热带暴风雨、干旱及其他极端天气频发。最近的研究显示，年均地表温度在前工业化水平上再上升 2.5℃ 到 3℃ 将导致 GDP 年受损的累积达到 0 到 2.5 个百分点。这些笼统的数据掩饰了区域影响之间巨大的差异性。一项研究估计全球平均气温上升 2.5℃ 带来的 GDP 损失从前苏联的 0.7 个百分点到南美及印度的 5 个百分点不等（Nordhaus and Boyer，2000）。同样地，一项最近的评定发现，21 世纪全球海平面上升 0.5 米到 2 米可能使得 7 200 万人到 1.87 亿人失去家园（假设没有适应），这些人中大约 70% 集中在东亚、东南亚和南亚（Nicholls and others，2011）。发展中国家可能会由于适应机会的限制，经济过分依赖气候敏感部门（如农业），从而遭受的损失超出平均水平。尽管随着经济发展，国家应对气候变化影响的脆弱性会在未来的一个世纪里逐渐消除。

综合评估模型结合了气候系统的简化表示、全球经济状况及两者的交互影响，在此模型的帮助下，分析师得以分析温室气体减排政策的经济含义。本章讲述了美国政府为评估社会碳成本所做的最新努力，该评估估算了二氧化碳排放的微小变化引起的损害以对直接或间接减少温室气体排放的政策进行收益-成本分析。接着我们讨论这些评估对于其他国家和地区的潜在的可应用性。文章结尾，我们着重讲述了未来研究区域以及从新信息角度对社会碳成本进行频繁的重新评估的需要。

4.1 社会碳成本

4.1.1 社会碳成本的定义

对比减排政策的收益与其经济成本需要货币化的方法以对未来气候变化带来的损失进行评估。SCC正是这样一种方法,即用现值计算未来某一年份单位增加的CO_2排放造成的损失,并用消耗的方程公式表示。理论上,这是一个综合衡量的方法,评估范围包括农业生产率变化的损失、人类健康风险、洪水发生频率上升造成的财产损失和生态系统服务的损失。

SCC可以适用于全球范畴,可包含所有国家由于CO_2排放造成的损失,或者用于国内范围,包含仅仅一个国家自己居民遭受的损失。美国政府跨部门工作小组选择了以全球范畴来计算SCC,主要是因为气候变化是一个全球外部效应(二氧化碳排放迅速与大气混合而且因此在全球范围内造成损害,无论气体排放源头在何处)。全球SCC的使用与全球经济效率化方案的目标相一致。相反,如果国家使用国内SCC评估来独立设计它们的政策(因此不包括非居民产生的收益),其减少量将大大低于全球经济效率化水平。

4.1.2 综合评估模型

评估二氧化碳排放对于经济的影响可分为四个主要步骤:(1)未来GHG排放预计;(2)过去和未来排放对气候系统的影响;(3)气候变化对自然和生物环境的影响;(4)将这些环境影响转换成经济损失,折回现值。IAMs结合物理科学和经济学模型来获得这些部分之间重要的交互影响。综合评估模型最常用于评估SCC,是高度聚合以及简约化的方法。而其他综合模型,比如计算综合均衡模型,可能更好地表达了经济部门之间的复杂影响和国家之间的贸易流,但这些方法都没有将气候变化的物理影响以及SCC评估所必备的经济损失联系起来。

大多数发表的SCC评估都是源于三种IAMs之一:William Nordaus的动态综合气候经济模型(DICE),Richard Tol的气候不缺定性、妥协和分布框架模型(FUND),Chris Hope的温室影响政策分析模型(PAGE)。

每种模型都用了某种不同方法来将气候参数中的变化转换为经济损失，比如温度和海平面。其中的一些不同，是因为建模者对于地区综合水平、气候参数以及模型中明确包含的损失类型的选择不同（见专栏4-1）。

专栏4-1　　PAGE、DICE和FUND综合模型中的损失

如表4-1中总结，三种综合评估模型被用以评估社会碳成本（SCC），这三种模型在对损失的处理上各不相同。举例来说，动态综合气候经济模型（DICE）将部门到区域的损失累加到一个单一的全球损失方程里，而温室影响政策分析模型（PAGE）将损失分成了经济类和非经济类。相反，气候不缺定性、妥协和分布框架模型（FUND）分别计算了11个不同市场和非市场种类的损失。DICE和PAGE的类型中有一些描述了气温上升造成大型灾难性损失的概率，而FUND中则没有这样的类型。在DICE中，参量确定控制和以定点估计表达；在PAGE和FUND中，大多数参量都以概率分布的方式体现。而且，与PAGE不同的是，DICE和FUND视GDP为内源性的，因此早期的损失减少了后期的经济产出。

在不同的模型下，经济损失评估因全球平均温度水平的升高或降低而呈现极大的不同。这反映了技术变化率的设想、人类及自然系统适应气候变化影响的能力以及发展中国家易损性的预计三者之间的不同。举例来说，FUND预计，气温上升2.5℃可能会是有益的，因为这一程度的气温提升可能有助于农业和林业的发展，降低供暖成本。PAGE认为，只有温度增加超出了"可容忍"的范围，才会产生影响，这个"可容忍"的温度在发达国家为2℃，在发展中国家为0℃。超过了容忍水平，发达国家能够通过各种适应方法消除几乎所有经济影响（比如改变农作物参数或栽种日期，建造海堤），而发展中国家能最终消除50%的经济影响。非经济影响的适应对于所有地区来说都更加困难。DICE不包括显性的适应表现，尽管某些形式的适应——尤其是农业部门——都通过研究用以修正累积损失函数的选择而隐性地包含在内。

表4-1	气候变化影响分类总结	
在前工业化时期气温上升2.5℃造成的全球性损害（全球产出百分比）		
DICE 2007模型	PAGE 2002模型	FUND 3.5模型
农业	经济影响	农林
沿海	非经济影响	沿海
其他市场部门		飓风和其他风暴
卫生		卫生
非市场设施		水资源
人居和生态系统		生物多样性的损失
		变冷
		变热
小计	小计	小计
灾难	灾难	
总计	总计	总计

Source：Based on Hope（2006），Nordhaus and Boyer (2000)，and Tol（2009）.

注：为了达到一般说明的目的，此处只研究基于DICE 2007模型（产出加权损害）的默认假设和确定性应用FUND 3.5模型与PAGE 2002模型，并使用所有参数的标准值。损害类型由模型作者界定。可参考三个模型中每个模型的记录信息，以了解它们的具体定义。

数据来源：跨部门工作组对碳的社会成本研究（2010）。

　　IAMs提供了关于气候变化对人类幸福影响的有用引导，模型化所涉及的复杂系统通常需要无法基于历史证据被轻易证实的假设。由于这个原因，IAMs结果不应该被解读为对未来结果的精准预测。这很好理解，而且IAMs建立者自己也经常强调这一点，因为模型创造者要重新考虑框架的关键方面（比如损失函数，适应假设，为反映自然系统所做的进一步科学与经济研究），所以以IAMs常常升级。

4.1.3　SCC评估在美国管理行为影响分析中的使用

　　在2009年到2010年，美国政府成立了一个跨部门工作组，建立了一系列SCC评估，这一系列评估是供所有执行分支机构用以计算管理行为分析中CO₂排放减少的价值。这个跨部门工作组的目的是提升相关部门计

算 CO_2 排放减少时的精确性和恒定性。在这项努力之前，有些管理行为分析中已经使用了 SCC 评估，但并非全部，且不同部门使用的数值也各不相同。

跨部门工作组使用了 DICE、PAGE 和 FUND 模型来评估 SCC 值。将气候变化映射到经济损失的函数以及气候系统的子模型都保持不变，但是对三个关键输入的一系列普遍假设在所有模型中均被使用，即社会经济和排放预期、均衡气候敏感性以及贴现率。

跨部门工作组从 2009 年斯坦福能源模型公式（EMF-22）[①]中选择了 GDP、人口、温室气体排放预期的 5 个情境。这些情境范围跨越了排放预计（包括至少一个采取了重大措施以减少排放的案例）和未来人口与 GDP 近似合理的结果。这种方法的动机是确定 GDP、人口、排放轨迹对于每个考虑的情境都是内生恒定的。在这 5 种情境中，大气 CO_2 浓度在 2100 年的范围大约为 450ppm~890ppm（或者是包括其他比如甲烷在内等同二氧化碳的气体浓度在 550~1130ppm），平均百分数在每年全球人均 GDP1.5% 到 2.0% 的范围内变化，全球人口变化的百分数是每年 0.4～0.5 个百分点。未来全球 GDP 预测是基于市场汇率计算出的区域 GDP 的总和[②]。

在简化式 IAMs 模型中，给定排放预测下的温度变化速度和量级都受均衡气候敏感性（ECS）参量的影响，这代表了长期气候对大气状况的响应是与那些忽略所有其他相关气体的二氧化碳浓度为 550ppm 的大气相联系的。[③]为描绘气候系统对大气条件变化的响应能力的不确定性，跨部门

---

① 社会经济情境可以在斯坦福能源模型论坛上查看，这是一支优秀的能源模型创建团队，成员来自亚洲、澳洲、欧洲和北美。

② EMF-22 模型使用市场汇率（MER）计算全球 GDP，其实也可以使用购买力平价进行计算。消费购买力平价考虑到很多国家消费很多不同类型的子商品，比如国内生产的非贸易商品。MER 很可能使得低收入国家看起来比实际上更穷。因为很多模型都假设人均收入随时间收敛，使用 MER 修正的 GDP 使得低收入国家对国家经济增长的预期虚高。关于这个因素会对评估气候产生多大影响一直备受争论。批判使用 MER 的人表示它会夸大经济增长并因此导致温室气体排放偏高于未来不真实的高温。其他人认为国家质检的排放－强度差异的收敛至少部分抵消了夸大的收入差距，以至于汇率差别对于排放的影响较少。Nordhaus 称理想的方法是用购买力平价的方法，但是要承认如此长时间中实际数据的局限性，尽管他也提出汇率转换问题可能远不如人口或技术变化的不确定性重要。

③ 更确切地说，ECS 描述了相对于前工业化水平，每年全球平均地表温度因为大气 CO_2 含量持续翻倍增加而提高。

工作小组在三个模型中使用了一个概率分布来表示 ESC。政府间气候变化专业委员会通过三个限制条件对这一概率分布的参量进行了校正：这三个限制条件为，中值取 3℃，ECS 有 2/3 的概率在 2℃~4.5℃之间，不存在低于 0℃或者高于 10℃的情况。①

4.1.4 贴现率选择

过去数十年间，一吨的二氧化碳排放一直造成损失，贴现率——反映了现在与未来消耗的权衡——在评估 SCC 中占有关键的作用。对于同时代内和代间影响的政策，美国联邦部门一贯使用不变的真实贴现率：每年 3~7 个百分点。但是，对一段相当长的时间范围进行折现计算，会引发极其困难的科学、经济、哲学和法律的问题。决定气候变化分析的贴现率的方法被分为了"描述性的"或"指定性的"两大类。

描述性方法是基于对人类真实行为的观察，比如一段时间内节省开支与购买决策的对比和投资在高低风险资产间的分配。这种方法的支持者声称因为减缓 GHG 的支出是一种形式的投资，用来计算这些支出的收益的贴现率应该基于市场回报率。

指定性方法计算贴现的方式具体说明了一个社会福利函数，这个函数将决策者想要包含在政策评定中的标准判断形式化，即人与人之间幸福的比较是如何实现的以及未来后代的幸福与当代人的幸福应当如何权衡。指定性方法的支持者声称各种市场缺陷（比如长期贷款市场的缺失）让市场利率成为权衡当代及后代消耗的一种不可靠的方式。相反，应当部分基于代间公平的道德判定来详细说明折现率。通常指定性方法推出的比率会比那些基于描述性方法的数值要低。

跨部门合作小组利用两种方法但主要依赖描述性方法来表示贴现率的选择。跨部门工作小组承认这种方法的局限性，但认为这种方法是可辨性最强以及最为透明的，因为其与收益-成本分析的标准原则相一致。抛开用来得到合适贴现率的理论方法，重要的是要注意到很多年甚至数世纪内充分捕获的消耗权衡的固有特性和实际操作上的困难。考虑到文献中对本

① 在 10℃时截断是合理的，考虑到很长的时间间隔与如此高的气候敏感值相关联（即，这样高的温度结果可能只会在超过跨部门工作组使用贴现率的政策分析的相关时间段出现）。

文使用的合理市场利率的不认可以及市场利率随时间变化的不确定性，跨部门工作小组使用了三种固定贴现率——2.5%、3%、5%——以维持一个看似合理的范围。

4.1.5　计算 SCC

计算某一年 t 内的 SCC 需要四个基本步骤。第一，用每个模型预测温度变化曲线与排放、GDP、人口基准线曲线相联系的消耗。第二，每个模型都需要用 t 年额外增加的单位二氧化碳排放来重新计算，以决定气候变化的预期以及基于这一受扰动的曲线合计 t 年以后所有年份的损失。第三，每年的边际损失以步骤一和步骤二累积消耗之间的差别来计算。第四，边际损失的结果曲线被贴现并且相加以计算 t 年里边际损失的现值。

在未来许多年间，以上这些步骤都在每个模型中不断重复直到 2050 年。因为气候敏感性参量被模型化了而且因为 PAGE 和 FUND 在其他模型参量中合并的不确定性，最终每个模型展示了 SCC 每年的分布情况。基于 3 个模型、3 个贴现率和 5 个所考虑的社会经济情境，模型产生了一给定年份 SCC 的 45 个分离的分布。为产生一系列评估以反映不确定性但是仍然强调中心趋势，来自每个模型和情境的分布都被平等赋权了并且相结合以得出一个给定年份里 SCC 的 3 个独立的概率分布，每一个都对应一个假设的贴现率。

4 种 SCC 评估都是从这 3 种概率分布里选择出反映由于 1 吨 CO_2 排放导致的全球损失：2010 年排放分别减少 5 美元、21 美元、35 美元、65 美元（2007 年美元）。前三种评估基于三个模型的平均 SCC 以及五种社会经济和排放情境得出的贴现率分别为 5%、3%、2.5%。第四个值是贴现率为 1995 年 3% 时的 SCC 分布，这个数据表示人为温室气体排放造成的潜在影响超出预期。图 4-1 体现了这些值在分布较广的 SCC 值中的落点，这个 SCC 值是在三个 IAMs 模型中由三种不同贴现率所得出的。注意到分布是向 SCC 高值部分歪斜。分布的范围随更低贴现率增长。

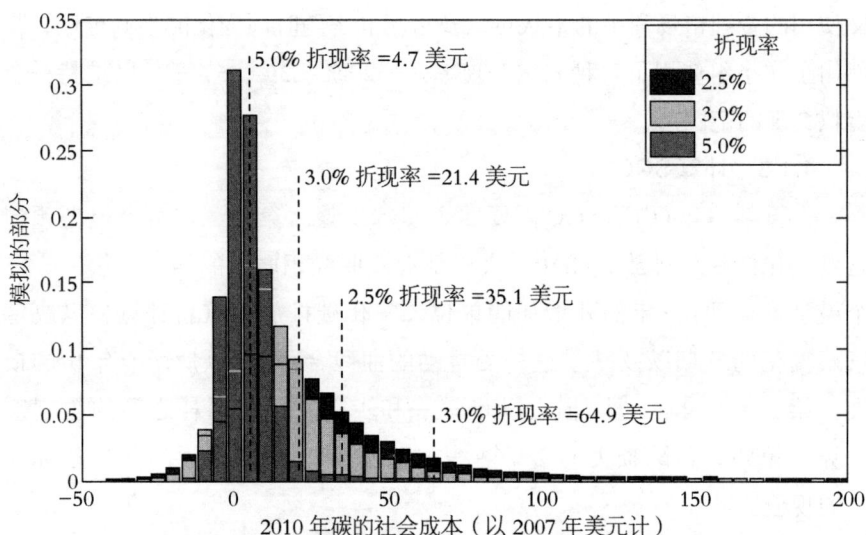

图 4-1　根据不同折算率计算的2010年碳社会成本分配

数据来源：作者的计算根据"美国白宫部门联席工作组关于碳排放的社会成本"研究（2010）。

　　SCC 评估也会随时间而发展，因为随着经济发展和物理及经济系统在未来的气候变化反应中变得更加重要，未来排放预计会产生更大的损失。这些比率都是模型内生决定的（见表4-2）并且依附于一系列假设，包括社会经济和排放情境、模型结构、参量分布，以及折现率。

表4-2　　碳排放社会成本，2010—2050年（2007年美元/吨）

年度减排	折现率			
	平均5%	平均3%	平均2.5%	1995年的3%
2010	4.7	2.14	35.1	64.9
2015	5.7	23.8	38.4	72.8
2020	6.8	26.3	41.7	80.7
2030	9.7	32.8	50.0	100.0
2040	12.7	39.2	58.4	119.3
2050	15.7	44.9	65.0	136.2
SCC年化百分比变化 2010—2050	3.1%	1.9%	1.6%	1.9%

Source：Interagency Working Group on Social Cost of Carbon（2010）.

　　SCC 的四个评估增大了在不同值引导下的单一政策的经济分析会产生不同定性结果的可能性。因此，一个政策制定者应该如何看待这样一个案例中的结果呢？在美国，政策制定者被要求在实施收益-成本分析时考虑所有的四个 SCC 评估。它的作用体现在告知决策者一系列数值所得出的政策方针的稳健性。重要的是要注意到，在众多可能标准中，经济效率是美国决策者评估环境政策时所考虑的唯一一点。最后，当围绕着经济分析有实质上的不确定性时，这可能会影响到它将给其他条件赋予多少权重。

4.2　政策分析中社会碳成本的使用

　　在政策分析中，SCC 的合适角色和美国政府的 SCC 评估在分析其他国家或地区的可应用性决定于考虑中的政策的属性，包括预期排放影响的量级和考虑的时间框架。因为 SCC 是由于 t 年里增加 1 吨 CO_2 造成的未来损失的净现值，评估视排放预测和从 t 年开始的社会经济条件而决定。美国或其他国家所采取的减排行动，可能改变未来损失的预测。如果这些改变足够大，则未来 SCC 自身的轨迹也会改变。基于这个原因，美国政府的 SCC 评估对于分析预期对全球排放以及与之关联的未来气候条件影响较小的政策是最合适的。迄今为止，这些数值用于量化美国联邦法规引起的二氧化碳减排量所带来的效益，这些法规包括制定家电能源效率标准以及轻中型重载汽车二氧化碳尾气排放标准。对于实质影响全球排放的长期政策来说，合适的 SCC 能够解释政策对于预测排放以及社会经济条件的影响。

4.2.1　收益-成本分析中社会碳成本的使用

　　如果其他国家的政策制定者采用了相同的一系列美国政府所使用的政策判断和方法论假设，则他们可以直接应用这里所描述的 SCC 值来计算国内政策减少的二氧化碳量所带来的全球货币化收益。唯一需要注意的是涉及将 SCC 评估转化为分析实施所在的国家的货币以直接比较国内成本和其他货币收益。在大部分经济由非贸易部门组成的发展中国家，市场汇率不会对措施是否值得采取而提供一个精确的评估，尤其是在 SCC 与国内成本比较的时候。①但是，考虑到美国跨部门工作小组评估的SCC值是基于市场汇率计算得出的全球GDP预测，以及预测未来很多年的购买力平价中涉及的不确定性，使用市场汇率可能更简单且更清晰。

如果其他国家的政策制定者想要采用其他政策评估或方法假设，则SCC评估将需要相应地重新计算。经修正的评估可能满足一系列政策和道德考虑的需要，诸如更低贴现率的使用、国内SCC值的使用和均等权重。我们现在简要讨论每种考虑。

4.2.2　贴现率

当跨部门工作组选择使用三种不同的固定贴现率时，其他比率可能会与文献中使用过的贴现率一致。举例来说，某些决策制定者可能倾向于选择一个反映了指示性方法或更高气候风险厌恶的贴现率。或者，他们可能想要使用非恒定的或递减比率来反映未来的更大不确定性。如果使用不同的贴现率来计算避免一吨 CO_2 排放的损失的现值，则需要建立一套全新的SCC评估。通常，使用低贴现率会得到更高的SCC平均值。结合贴现率的不确定性也是期望增加与等价恒定贴现率相关的SCC平均值（关于折现率不确定性的详细讨论见专栏4-2）。

专栏4-2　　　　　　处理长时间区间下的贴现率不确定性

当美国跨部门工作组使用一系列恒定贴现率来生成SCC评估时，对于使用随时间递减的一揽子贴现率有经验上和理论上的支持。这个领域的部分研究发现未来贴现率的不确定性可对净现值有很大影响。这些研究的一个主要结果是如果贴现率不确定性存在一个恒定元素，则有效贴现率将随时间递减。因此，更低的贴现率将主导长期的现值计算。

采用合适的方法将贴现率不确定性模型化目前仍是研究的活跃领域。一种方法是使用描述长期利率如何随时间变化的模型来预测未来贴现率。这种类型的模型结合了利率如何随时间变化的一些基本特性，而且它的参量都是基于对长期比率的历史观察估计的。接下来在这个课题

---

① 这并非一个国家使用SCC值来接近全球碳价格水平的真实情况。在这个案例中社会计划者的最终目标是减去全球成本后最大化全球收益。任何跨越国家间的碳排放减少支出都会体现在市场汇率中。

上的工作将使用更多描述利率动态的通用模型以进行更好的预测来说明当前利率水平以及冲击的持久性。使用一系列折现率也是一种模型化折现率不确定性的简化方法，这个方法英国和法国曾经实施过。在这个案例里，分析师可能在政策的前40年到50年采用了一个更高的贴现率，后来的时间里则用了一系列累进得更低的贴现率。

数据来源：跨部门工作组对碳的社会成本研究（2010）。

4.2.3 国内SCC值

同样的，如果政策制定者希望限制比较国内收益和成本的分析，则SCC值可能需要修正以排除其他国家居民经受的所有损失。但是，这毫无价值，如果每个国家使用仅仅包括自己国内损失的SCC评估来设计管理制度，则结果会是每个国家的减少量将维持较低的水平。此外，在这个情境下被察觉的全球水平的减少可能会达到一个更低的成本，如果所有国家都使用一个普遍的SCC值（或者是如果排放权的国际贸易被允许），在这种情境下达到全球可察觉的减少量将花费更低的成本，因为所有稳定来源的边际减少成本将会均衡化。

4.2.4 平等性制衡

相比于收益-成本分析（典型只着重经济效率），政策制定者也可能想要进行全球社会福利分析（使用一个同时考虑了效率和分配问题的显性社会福利函数）。美国跨部门工作组建立的SCC评估反馈了一个显性决策来仅仅关注于经济效率，这计入了所有受气候变化影响的公民的购买意愿，不论他们居住在哪个国家或收入如何。结合权益权重来修正针对受影响公民的收入差异之经济损失的测量是有可能的，但是SCC可能会需要重新计算。在这样一个分析中，政策的成本也需要用同样的平等性制衡的方法来修正。在专栏4-3中，我们提供了关于其他国家使用SCC的简要观点。

专栏4-3	关于其他国家制定决策使用SCC的说明

美国并不是唯一的建立了社会碳成本值的国家。2002年英国首先推荐使用SCC体现了国家控制温室气体排放的政策，并且提交了一系列

报告分析这个问题。最广为人知的报告就是《斯特恩报告》。Stern所评估的SCC值与美国政府使用的有很多不同。比如说，Stern使用了较低的贴现率同时包括平等性制衡。基于Stern报告提供的信息，为了决定最合适的CO_2排放限制这一明确目的（从大气中碳浓度的角度来确定稳定目标），英国政府官方在2007年设定了一系列SCC值。这个值被设定在大约每吨二氧化碳等价于2007年的50美元（即25.5英镑/吨），以每年2%的速率上升。德国紧随英国之后，基于同样的SCC值来评估本国内的碳政策，但是建议使用敏感度分析，用美元表示则是15美元到25美元每吨。

2009年，英国不再使用SCC方法，基于以下两个原因：（1）SCC需要关于其他国家采用何种方式减少温室气体的假设且（2）关于SCC评估有很大程度的不确定性。在这种情况下，英国政府现在使用碳排放影子价格评估政策。它有两套不同的数值：一个评估在欧盟的总量控制和排放交易政策之下减少碳排放交易的政策，另一个评估在非贸易部门减少温室气体的成本−效用。

Source：DECC（2009）；Umwelt Bundes Amt（2008）.

4.2.5 SCC和碳排放税

一个国家或部分国家可能也会对使用SCC帮助设定碳税水平感兴趣。但是，重要的是要注意到，美国政府的SCC值是根据一切正常的碳排放量进行估计计算的，而不是根据社会最优化的条件进行计算的。因此，国家应该避免局限于在长期税收政策中使用表4-2中给出的美国政府SCC评估。相反，短期内碳税的设置应该等同于当前全球SCC最好的评估，如果数据来源采取了新的措施减少排放，SCC需要因此进行重新评估，而短期的碳税也应当随时间不断修正以匹配重新评估的SCC。当边际减少成本与所有根源相等且反过来等于当前升级后的SCC时，则经济实现了高效性。

理论上，如果排放的最终全球经济效率水平在一开始就确定下来，那么全球碳税应当在一开始就征收，而不需要随时间调整税率表。但是，应该注意的是在短期内，由于气候系统内生的时效滞后性以及相对小的温度变化下气候变化与损失之间的平滑关系，CO_2排放减少的边际收益曲线是相对平滑的。这意味着甚至对于非边际税收政策，SCC不会与近期边际政策轨迹相差很大。图4-2说明了这一点，通过使用DICE 2010模型展示沿着两个单独排放轨迹线的SCC时间轨迹。第一个轨迹表示了正常情况的情境。第二个轨迹表示了一个很大的政策变化，即相对于正常的轨迹每年二氧化碳排放量减少50%。

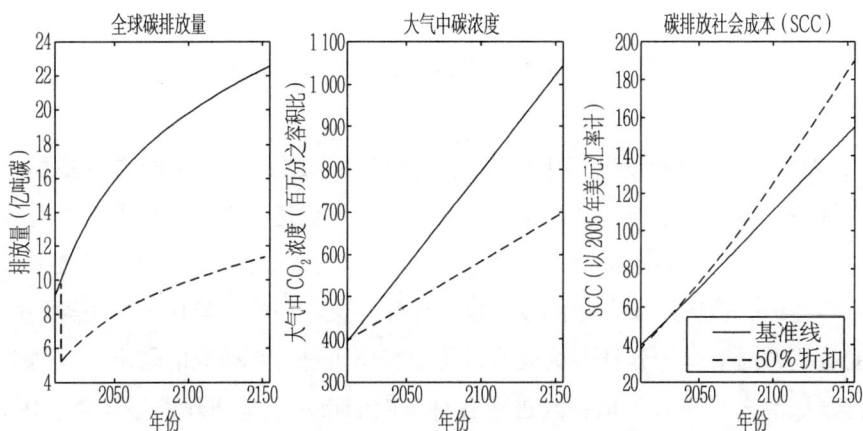

图4-2　碳价在正常营业及非边缘政策排放路径下的社会成本

数据来源：基于气候变化社会经济影响全面综合模型（DICE模型）的笔者计算。

注：该示例运用了3%/年的定额消耗折扣率，但其他参数均基于DICE 2010年的默认值。

注意两种情境下预测得出的早些年份SCC值十分接近：在至少最初45年里政策路径的SCC维持在通常路径下SCC的5%以内，虽然政策路径的排放比那些在第一个时期后直接开始的通常路径低50%。这是一个极端的例子，但是它有效表明了使用SCC预估以及通常的预测手段作为设置国内短期（例如在接下来的10~20年内）碳税的指导，这一做法是合理的。[1]

———————————

① 同时注意在这个例子中，当排放减少时SCC增加。出现这种情况的一个原因是在DICE模型中，气候损失是以每时期总经济产出的一部分损失表示的，这部分产出损失只取决于该时期内温度的异常。经济产出的净气候损失被分摊于消耗和投资，因此，早期减少的损失可使得经济产出增加，并且因此在后期增加了绝对损失。

4.2.6 社会碳成本和成本-效用

当总政策目标是在最低可能成本下达到预定排放（浓度或温度）目标时，SCC 并非合适的估算项目的方法。如果预先设定了环境目标，则并不需要计算减少量的收益。相反，减少量的边际成本的度量——有时被叫做"碳的影子价格"——可用于估计政策的成本-效用（专栏 4.3）。这两种度量仅当排放目标是设定在经济有效水平时才会相等。

4.3 警告和未来 SCC 的再评估

由美国政府开发以用于成本效益分析的 SCC 评估方法面临着多种重大挑战。该方法基于许多假设和简化模型，它们还没有在现实世界中得到验证。例如，不同的综合分析模型中损失的模型化有许多差别，对技术变革的处理、适应以及灾难性破坏也是如此。文献中的差异使得修正模型中的这些方面变得十分具有挑战性，这也突出了进一步研究的需求。其他关键领域的未来研究包括：改进在各种不同的市场或非市场的破坏类别中，如何预测物理影响对经济的破坏；更好地体现经济和地区之间的相互作用；监管分析中的贴现率的处理方式；评估由非 CO_2 的温室气体排放造成的边际损失。

此外，SCC 评估是基于一系列社会经济学假定，以体现排放是如何随时间发展而变化的。随着技术进步、人口和经济的增长以及各国规范减排政策的实施，事实上可以确定的是，现实会与预测 SCC 模型中所假设的有所不同。因此，为了跟随新研究的发展和反映多样化的长期趋势，需要对 SCC 值不断进行常态化的预估。

最后，值得强调的是，预估 SCC 的尝试包含了许多不可量化的不确定因素，这些不确定因素是预测遥远未来复杂的系统所固有的。这是因为要精准表现很多自然与经济系统之间的联系存在着许多困难，同样难以表现的还有不可预知的人口增长变化、技术进步，以及地区的经济发展。因此，综合分析模型得出的结果，例如本章中讨论过的上述结果，都不应被视作十分精确的SCC预估，甚至不是精确的SCC的概率分布。然而，通过量化目前已知的潜在气候灾害以及提供严密的基础以供决策者评估由不可避免的模型简化和疏忽所带来的潜在影响，此类模型仍为政策分析提供了宝贵的信息。

参考资料和延伸阅读

For background on climate trends and the science of global warming, see the following.

Intergovernmental Panel on Climate Change, 2007, "Summary for Policymakers," in *Climate Change 2007: The Physical Science Basis*. Contribution of Working Group I to the Fourth Assessment Report of the Intergovernmental Panel on Climate Change. (Cambridge, UK: Cambridge University Press).

On sea level rise specifically, see the following:

Nicholls, Robert J., Natasha Marinova, Jason A. Lowe, Sally Brown, Pier Vellinga, Diogo de Gusmão, Jochen Hinkel, and Richard S.J. Tol, 2011, "Sea-Level Rise and Its Possible Impacts Given a 'Beyond 4℃ World' in the Twenty-First Century," *Philosophical Transactions of the Royal Society A*, Vol. 369, No. 1934, pp. 161–181. DOI: 10.1098/rsta.2010.0291.

For some discussion on the valuation of climate change damages and the social cost of carbon, see the following:

ICF International, 2011a, *Improving the Assessment and Valuation of Climate Change Impacts for Policy and Regulatory Analysis: U.S.EPA/DOE Workshop Summary Report. Part I: Modeling Climate Change Impacts and Associated Economic Damages*, http://yosemite.epa.gov/ee/epa/eerm.nsf/vwRepNumLookup/ EE-0564?OpenDocument.

ICF International, 2011b, *Improving the Assessment and Valuation of Climate Change Impacts for Policy and Regulatory Analysis: U.S.EPA/DOE Workshop Summary Report. Part II: Research on Climate Change Impacts and Associated Economic Damages*, http://yosemite.epa.gov/ee/epa/eerm.nsf/vwRepNumLookup/EE-0566?OpenDocument.

Interagency Working Group on Social Cost of Carbon, 2010, *Social Cost of Carbon*

for *Regulatory Impact Analysis under Executive Order 12866*, February, http://
www.whitehouse.gov/sites/default/files/omb/inforeg/for - agencies/Social - Cost -
Carbon-for-RIA.pdf..

National Research Council, 2009, *Hidden Costs of Energy: Unpriced Consequences
of Energy Production and Use*(Washington: National Academies Press).

*For more detail on the integrated assessment models used in the U.S.interagency
working group report on social cost of carbon, see the following:*

Hope, Chris, 2006, "The Marginal Impact of CO_2 from PAGE 2002: An Integrated As-
sessment Model Incorporating the IPCC´s Five Reasons for Concern," *The Inte-
grated Assessment Journal*, Vol.6, No.1, pp.19−56.

Nordhaus, William, and Joseph Boyer, 2000, *Warming the World: Economic Models
of Global Warming*(Cambridge, Massachusetts: MIT Press).

Tol, Richard, 2009, "An Analysis of Mitigation as a Response to Climate Change"
(Copenhagen: Copenhagen Consensus on Climate).

For perspectives on discounting climate damages, see the following:

Portney, Paul, and John Weyant, eds., 1999, *Discounting and Intergenerational Equity*
(Washington: Resources for the Future Press).

For other country perspectives on the SCC, see the following:

DECC, 2009, *Carbon Valuation in U.K.Policy Appraisal: A Revised Approach*(Lon-
don: Department of Energy and Climate Change).

Umwelt Bundes Amt, 2008, Economic Valuation of *Environmental Damage: Meth-
odological Convention for Estimates of Environmental Externalities*(Dessau-Ross-
lau, Germany: Federal Environment Agency).

第5章

森林固碳[①]

罗伯特·曼德尔森
美国耶鲁大学
罗杰·塞迪奥
美国未来资源研究所
布伦特·索根
美国俄亥俄州立大学

决策者所需的关键信息

● 一个有效的森林固碳计划约占到21世纪全球二氧化碳减排量的1/4（剩余的75%中的大部分可以归因于碳排放的减少）。据估计，42%的碳储存来自于减少滥砍滥伐、31%来自森林有效管理、27%来自植树造林，全球固碳总量的70%存在于热带地区。

● 目前固碳计划存在的一个严重缺陷是每个计划都需要去证明增量。可是，要证明哪些林区是临界的、哪些已经储存了碳并不容易。行政上的替代方案就是对每一个国家的森林设定一个碳基线。如果在碳基线以下，就要征收相应费用，如在基线以上，则提供相应补贴。如果将基线设定为现有的碳储量水平，那么增加的储量也将获得补贴。

---

① 我们要感谢 Stephane Hallegatte、Alex Martin、Adele Morris、Sergey Paltsev 和 Andrew Stocking 的有益评论和建议。

●由于技术能力上的限制和泄漏，通过推广小型项目来扩大森林碳储量是有困难的，但国家级项目相对容易执行。

●国家项目同样使得政府机构可以灵活解决地方性的制度和财产权，例如：对来自同一个森林的木材、牧草、木头和非木材类产品的多重所有权。

●衡量固碳量有一定难度。为了鼓励更长远的碳储存，监督和执行至关重要。国际协议应当鼓励使用廉价的监督技术来控制成本。

●激励措施的制定极为重要。例如，用森林覆盖率取代碳储量的做法，无法为增加每公顷的碳储量提供激励。同样，一次性地支付全部费用也无法对保护已有的林区提供激励。按照碳储量的年度价格支付年度费用能够鼓励持续性的投入，以维护现有的碳储量。

目前在全世界有万亿吨的二氧化碳储存在森林中。即使没有固碳政策，森林每年约会封存额外40亿吨二氧化碳。这40亿吨二氧化碳产生的净收益，来自于森林植被生长产生的100亿吨二氧化碳减去每年因砍伐热带雨林而损失的二氧化碳。有一些砍伐是为了森林管理，但是大多数的砍伐使得土地流转为农耕地。如果仔细研究滥砍滥伐造成的碳损失，那么林业/农业用途占到人为排放量的15%。但是，碳循环测量证实了森林有可能沉淀了40亿吨"消失的碳"。森林能否继续吸收并储存二氧化碳取决于未来二氧化碳气体肥料和气候变化对森林碳储存的影响。

关键的政策问题不在于确定土地利用中产生的碳排放基线，而是需要什么样的政策才能增加森林固碳量。《京都议定书》中已经列举了一些具体的机制，以增加森林中的碳储量（《京都议定书》第3.3款）。第一，减少滥砍滥伐可以增加碳储量。例如，世界银行的森林碳伙伴基金（FCPF）已经募集到4亿美元，用于减少滥砍滥伐造成的碳排放（世界银行，2011）。第二，在一些非林区植树（植树造林）可以增加固碳量。第三，通过造林、施肥或森林管理来提高森林的密度，也可以增加碳储量。

森林中可以增加多少额外的碳储量取决于两点——全社会愿为碳储量增加而付出的成本以及碳储存的速度。碳储存的速度越快，成本就越高。

大量的文献综述表明，如果将碳价格提高到每吨30美元（现值美元），那么每年增加约40亿吨的碳储量是很有可能的。实际上，这种程度的固碳量将是目前自然固碳量的两倍。在一个完整的评估模型中，如果二氧化碳能够遵循合理的价格路径，那么高效的森林固碳计划可以减少1/4的碳排放（剩余的3/4来自于能源领域）。但是，许多有关碳封存的经济学研究尚未能解决此类全球项目面临的重要监管障碍。通过仔细设计碳封存计划，下述列举的部分项目有望实现：

• 如果一个项目不能保证在各地应用的一致性且不具有普适性，那么，"泄漏"将会大幅降低固碳的效用。

• 森林中的碳储存是一个动态的过程，因为树木需要时间生长，并且碳的价格也会经常波动。因此，用于碳封存的工具必须考虑到这些特性。

• 为保证对森林长时间的有效管理，需要克服一些潜在的测量和验证问题。

• 纵观历史，减排计划并没有想要去补偿那些无论如何都会发生的森林活动，所以它们不得不去证明"增量"问题。

以下是一些尚未完全解决的问题：

• 大多数分析认为，森林固碳项目能够很容易且快速地从少量实验性项目，推广为制度成本适度的全球性综合项目。

• 森林所有权问题通常是比较复杂的，尤其在热带国家。许多所有者对同一块土地上不同的森林设施拥有合法权利。

• 还有一个涉及公平的问题，就是谁可以得到森林固碳计划的补偿。

本章将首先回顾森林固碳的潜力。有证据显示森林固碳将有望成为气候缓解的重要来源。随后为了利用森林固碳，我们还需克服一些行政上的障碍。最后，我们将讨论测量和监督中存在的问题，并基于固碳的复杂性，试论森林固碳在全球推广的可能性。

5.1　固碳的潜力

尽管一些富有远见的人呼吁在沙漠地区和条件恶劣的地方（只有一小

部分土地适宜种树）培育森林，但在土壤贫瘠且缺水的地区植树会导致成本过高。

在那些适宜林木自然生长的地方，可以通过三种基本的森林活动实现固碳——植树造林、森林经营和避免滥砍滥伐。植树造林包括将农耕地和废弃的田地转化为林地。那些树木生长旺盛的地方（例如：湿润的热带地区），每年可以在每公顷地上作物中固碳11吨，同时实现地下固碳。全球已经有20亿公顷的森林被砍伐或者转变成为农业用地。所有这些土地仍有可能再度转化为林地。当然，这样一来，我们几乎就没有农耕地了。因此，我们需要在农耕地和林地之间进行权衡。如果将更多的农地转变为林业用地，则农耕地损失的机会成本就越高。若想通过植树造林实现固碳，通常需要较长时间，因为林木需要数十年才能储存足够大量的碳。

减少由于滥砍滥伐释放的二氧化碳则更具发展潜力。根据联合国粮食与农业组织的数据，每年全球新砍伐的森林高达600万公顷，而森林总量的变化主要位于热带地区。成熟的热带雨林中每公顷含有大量的碳（每公顷约300~400吨二氧化碳）。在许多热带国家，为了将林地转化为牧场或者农地，大量的森林被焚毁，由此导致大量二氧化碳被排放到大气中。

改变森林经营方式也可以增加森林固碳量。根据联合国粮农组织统计，全球现有超过10亿公顷的森林属于用材林，但是只有700万公顷到1 000万公顷森林属于速生丰产林。将更多的林地转化为丰产林能够快速增加固碳量。其他一些经营办法包括延迟采伐、人工造林而非自然更替、林木疏伐、森林防火和其他一些干扰手段、施肥等。

如果林地所有者能够获得永久封存每吨二氧化碳30美元的补偿，那么每年新储存的二氧化碳就会达到40亿吨。在一个运转高效的项目中，可以通过减少滥砍滥伐增加约42%的碳储量，通过森林管理增加31%，通过植树造林增加27%。通过植树造林而增加的碳储量较少，是因为幼生林需要较长的生长期，而且林区的机会成本比较高。在一个运转高效的项目中，有70%的二氧化碳应封存在热带地区（发展中经济体）。全球20个国家的碳储量总和占到世界碳储量的80%以上。其中，碳储量最大的五个国家（巴西、加拿大、刚果民主共和国、俄罗斯和美国）以及印度尼西亚、马来西亚和其他一些南美和非洲国家同样存在着大量的滥砍滥伐现象。

如果向林地所有者每吨二氧化碳提供的补贴远高于 30 美元，那么他们就会努力去储存更多的二氧化碳。同样，如果有足够的时间，森林就可以储存更多的碳。时间越宽裕，像植树造林这样的项目就会更加高效。例如，到 2100 年，如果按照每吨 50 美元的成交价计算，森林碳储量将累计增加约 3 670 亿吨，约占同期累计减排量的 25%。如果每吨二氧化碳成交价达到 110 美元，到 2100 年的碳储量可超过 1.4 万亿吨（Sathaye and others，2006）。

5.2　制度障碍

5.2.1　推广

大量的小型项目和案例研究都试图减少滥砍滥伐或增加植树造林，以提高森林固碳量。这些小型项目能够在十年内向全球推广吗？过去的经验告诉我们，很难将小型项目扩大为全国性项目，更不用说推广到全球范围。所有支持这些小型项目的专家和志愿者（非政府）组织并不足以胜任管理一个全球项目。这个项目的规模应是当前规模的成千上万倍。我们现有的能力尚难以支撑如此大幅度的扩张。我们需要培养更多的林业人才，需要付出成倍的时间和资源。

当然，在有些国家和地区更有条件进行推广这些小型项目。例如，美国的土地休耕保护计划（CRP），即出于环境保护的原因而休耕土地，在五年内将休耕的土地数量从 0 公顷增加到 1 200 万公顷（美国农业部农业服务局）。目前，执行这一计划的行政成本是每公顷 7 美元，包括管理合约和检查所采取的措施在 10 ~ 15 年的合同期限内是否适用。

尽管 CRP 表明在某些情况下可以相对较快地推广环境保护计划，但是在计划执行初期仍有许多抱怨，认为该计划并没有充分考虑到环境效益。最初登记的许多土地都是远离人烟的贫瘠耕地，这些地区的环境效益相对较低。此外，美国实施这项计划的优势在于土地产权明晰。全球性的森林固碳计划应更加注重项目所产生的效益，并在所有权有争议的地区明确产权归属。正是这些因素使得此类项目在许多地区难以推广。

5.2.2　动态

森林固碳计划之所以是一个动态过程有以下两个原因。第一，固碳的边际效益（碳社会成本）是在长期碳封存中应避免的损失。温室气体的浓度会随着时间推移而上升，同样，碳封存的边际价值也会随之增加。所以，固碳的边际成本也会随着边际收益的增加而增加。这就使得固碳计划从根本上保持了一个动态的过程，即随着时间的推移不断增加固碳量。第二，林木的生长规律呈现S形（即随着树龄的增加而达到峰值，随后便开始逐渐下降）。林木的生长不是恒速的。通过植树造林和森林经营增加的固碳量会随时间变化而有所不同。

一个能够将固碳计划与森林产出紧密相连的方法，就是每年支付一定的固碳补偿（而不是一次性支付，参见 Marland，Fruit，and Sedjo，2001；和 Sedjo and Marland，2003）。采用年度补偿的方式可以持续地激励林地所有者保护森林。如果是一次性支付就无法达到这种效果。分期补助应等同于社会碳成本（即一吨碳排放造成的边际损失的现值）乘以利率。例如，如果实际利率为4%，每吨二氧化碳的社会成本为30美元，即每年应支付的补偿价格是1.2美元/吨（30美元乘以0.04）。

5.2.3　测量

过去数十年，对林地和材积的测量取得了长足发展。例如，美国林务局每五年会对7亿英亩的森林进行抽样调查（尽管每个州的抽样方法各不相同）。这种地面测量还辅之以航空和遥感信息。联合国粮农组织（FAO）对各个国家的森林面积进行了预估。但是，由于不同国家的数据质量差别较大，这些预估数据存在着较大的不确定性。由于有植被的草原与完全生长的森林之间分界不清，因此林地的总面积难以确定。而最大的不确定因素是每公顷森林的碳储量（每公顷固碳量）。碳储量会因土地产量、作物种类和土地管理而有所不同。例如，一片典型的英格兰森林每年的固碳速率是 0.5 吨/公顷，南部的人工松树林是 1 吨/公顷，而潮湿的热带地区可以达到 11 吨/公顷。

相对容易核实的是一片原始森林是否遭到采伐。通过对比不同时间段的卫星图片可以发现砍伐前后植被的巨大变化。而真正难以核实的是每公顷林区中的林木数量。真实的林木数量非常重要，因为通过选择性收割可以减少林木数量，而不会造成明显的砍伐迹象。此外，通过林业集约经营也可以增加林木数量，但同样难以通过卫星观察到。对森林中每公顷的林木数量进行核实就需要开展成本较高的实地勘测。目前，美国这套系统的监测成本大概是每年 7 200 万美元，或者每公顷 0.24 美元。每年新增的地面植被碳储量约为 6.35 亿吨，对美国森林碳储量变化进行测量的成本约为每吨 0.11 美元。与每年固碳产生的价值，即每吨低于 1.2 美元相比，这一成本还是相对较高的。

一些小型独立项目的监测成本甚至更高。对于监测面积在 1 000 公顷到 60 万公顷区域内的小型项目，每吨二氧化碳的成本在 1～2 美元之间（参见 Antinori and Sathaye，2007；和 Antle and others，2003）。对林区的测量和监测每五年要开展一次，以便降低成本。仅测量地表的二氧化碳（通常占到全部碳储量的 3/4）也有助于减少成本。一些新型技术，例如，进行低空探测的激光雷达（LIDAR）技术，就比实地勘测更为廉价，主要用于估计林木体积。但是，碳储量主要取决于重量而非体积，因此除了激光雷达技术还需要其他勘测活动支持。

5.2.4　增量

固碳计划的总成本不仅取决于碳的价格（每年的补偿率），还取决于必须购置的碳储量。对于管理者最简单的方法是，根据每一位林地所有者的固碳量进行补贴。例如，如果补偿率是每年 0.6 美元/吨，森林的固碳量是 1 万亿吨，那么每年的补偿金额为 600 亿美元。可是，许多碳政策的制定者只想补偿新增的固碳量（而不是通过各种方式已经封存的存量）。如果一个项目新增 40 亿吨碳储量，那么每年仅需支付 2 400 万美元，即只需要支付增量部分的费用。当然，由此产生的一个有趣的问题就是界定增量与存量。实际上，这一点很难做到，因为过去许多研究项目都试图界定增量，却未能成功。对于一个项目而言，很难去证明哪些是无论如何都会发生的，而哪些是由于实施了固碳项目而产生的。事实上，人们的行为是否会因这个项目发生改变？是否会鼓励林场所有者的索取？我们很难去界定这些边缘不清的行动。

还有一些避免增量问题的方法就是改变财产所有权。以上描述的补偿方法假定，土地所有者或者管理者有权向市场出售碳额度。目前的政策认可此财产所有权，但是也可以把森林当做一个潜在的排放源并征收碳税。在林木采伐阶段征收的碳税加上每年提供的补贴，所产生的全部经济成本相当于上述提到的补偿计划，却无需证明每个碳项目所产生的增量。碳税和补助会改变碳支付的分配方式，也无需占用其他资源来证明增量的存在。当然，因森林释放二氧化碳而向林地所有者征税会使森林突然间成为一种负债。如果不能妥善处理，会造成反向激励，甚至会在项目实施前就造成森林的减少。

5.2.5 泄漏

土地利用上的经济分析指出，碳封存计划必须具有普适性。特别值得关注的是全球农耕地与林地之间的此消彼长。如果一部分土地处于碳封存计划中，而另一部分不在此计划内，那么项目计划内的土地转化为农耕地，会鼓励非项目计划用地从林地转化为农耕地，这种现象被称为泄漏。这将显著降低碳封存计划的效用。例如，一个地区木材产量的减少会直接导致木材市场价格的上涨，从而增加本国其他地区甚至其他国家的砍伐量。同样地，假设少数几个国家参与这一项目，并通过化耕为林额外留出5 000万公顷土地用于碳储存。这将显著增加耕地的稀缺性，进而使许多未参与此项目的国家有动力把林地转化为耕地。由于土地的可替代性和项目的激励作用，那些未参与国家会把5 000万公顷的林地转化为农耕地，从而使得碳封存计划趋于完全无效。尽管这是一个极端的情形，但泄漏问题仍不是一个小问题。

解决泄漏是一个全球性问题。如果所有的土地都具有同样的碳封存激励，那就不存在泄漏问题了。从技术上来说，每个国家的碳封存计划不必完全相同。一些国家可能会出台各种制度或者征税，而有些国家则提供补贴和税收减免等。然而，所有项目都应使用具有相同边际效用的激励措施去开展碳封存，否则，泄漏问题将会影响到全球碳封存计划的有效性。当然，更为重要的是全球大部分的潜在林地都应面临同样的激励。所以，真正重要的是拥有全球大部分森林资源的国家之间能够达成一致。如果森林资源最为丰富的 20 个国家能够达成一致，也就能够确保这一计划将覆盖全球约 80% 的森林。

　　一些研究人员已经提出通过贴现因子来调节潜在的泄漏。贴现因子要求碳额度的提供者为每个单位提供额外的碳额度。例如，如果贴现因子是 2，那么一个国家需要为每一个已收取费用的单位提供 2 个单位的碳额度。折扣率也可以对一些参与碳封存的国家进行处罚，即它们只能使用一定比例的碳储量，如此来降低其碳储量的价值。但是，对泄漏进行贴现会提高成本，会导致许多国家拒绝加入该项目，降低项目效用。在设计一个碳系统时，最好能够提供一些激励措施，吸引更多的国家参与，而非将其排斥在外。

5.2.6　永久性

　　提出永久性这个问题，是因为森林固碳只是暂时的，而通过能量转换释放到大气中的碳将"永久地"地存在于大气中。例如，专为碳封存而种植的森林只能在其存活的时间内用于封存和固碳。还有一种可能就是森林会受到火灾、虫害、暴风、人为砍伐或者任何形式的自然或人为因素的影响。正是由于森林的"非永久性"，许多研究者提出了碳额度贴现，类似于泄漏中提出的贴现方法。大量的自愿碳减排标准就是采取了这种方法（例如，经验证的碳标准）。

　　正如泄漏问题一样，一旦使用既定的贴现率，就会造成效用损失。这种损失在永久性问题上尤为明显，但是，正如我们已经讨论过的，租赁合同能够提供另外一种选择。租赁合同仅为暂时的碳储量进行支付。如果森林不能永久存续，那么就会停止支付租金。只要买方能够用某种方式抵消碳额度，那么便可以直接在市场上购买新的额度或者租用新的林地。

5.2.7　森林所有权

要设立一个全球项目必须克服的另一个困难是对森林的多重所有权。在许多发达国家的林区，森林归个体或者私人企业所有。大多数的碳封存计划只需与单一所有权者进行交易。但是，即使在发达经济体，大量的林地也是归政府所有或者某种形式的集体所有。因此，就会有许多利益群体对同一片森林拥有不同方面的所有权。森林固碳计划有利于一部分人，但也会威胁到其他人的利益。例如，喜欢老树的人就会支持能够延长树木生长周期的碳封存计划。但是，由于老树蒸发的水分更多，那么这片森林中流出的水量就会减少。有的物种要依靠树龄较低的森林生存，那么这片森林的所有者势必会受到碳封存计划的负面影响。不同利益群体的存在，会影响到碳封存计划作为一种改进森林经营手段的适用面。

在许多发展中国家，森林所有权的问题甚至更为复杂。在许多热带地区，森林的多重所有权是一种普遍现象。政府或者拥有木材经营特许权的人都有权砍伐林木，但是当地的居民同样有权捕猎森林中的野生动植物，采集非木材类产品或者柴火，或者进行放牧。怎样才能激励各利益群体增加森林碳储量呢？如果这个森林是由一个村庄或者一个大家族拥有的又会怎么样呢？碳封存计划又该如何与村庄进行协调？与单一所有权者相比，跟一个村庄或者大家族达成协议的难度极大。目前经济学上的分析还没有完全解决这个问题的成本。原则上，应当与各方达成单独支付协定。

5.2.8　公平性

与森林所有权相关的还有公平性问题。世界上少数最贫穷的人口居住在热带国家的偏远林地，而世界上少数最富有的人则拥有森林开发特许权。一些全球性的森林项目将为碳封存向发展中经济体支付相应费用，但是实际上谁才能获得这些补偿呢？当地居民能从中获得补偿吗？还是这些补偿仅提供给木材特许经销商？在碳封存计划中存在着许多尚未解决的重大公平性问题。这无疑会提高项目的行政成本，甚至会极大地影响项目的社会期许。

5.2.9　测量和监督限制的影响

前述提到的测量和监督问题说明，采用项目的方式开展森林固碳具有较大的局限性，尤其是泄漏问题。它有可能仅在国家层面是可行的。如果是国家级项目，仅需支付一国全部的森林固碳量。其中，内部的泄漏可以抵消，并随时间变化支付净变量。国际泄漏应成为各国的责任，获得额度的国家要想办法抵消泄漏。一国内部的问题应在本国范围内解决，但是如果未能解决便会影响到碳支付。此外，这种方法的优点在于无需为全部碳储量进行补偿，而仅对基数标准之上的增量进行补偿。期望通过直接支付的方式来提高森林经营绩效的谈判（如印度尼西亚正在开展），可能会降低对碳储量精确规模的需求。

5.3　政策结论

在本章中，我们介绍了森林固碳的巨大潜力，也表明在这方面任何有价值的体系都难以执行。森林固碳占到全部减排量的1/4，因此不容忽视。

为了提高固碳的效用，就必须克服许多极其重要的管理和制度上的障碍。许多制度障碍已经有了解决办法。例如，泄漏和增量是目前森林固碳项目中存在的严重缺陷。但是，普通的补贴形式需要向森林所有者提供一大笔补贴，而森林负债同样要从森林所有者手中转移大量收入。补贴与债务的部分抵消能够避免大量资金的转移，形成支出平衡的预算模式，并提供适当的激励。碳储量和林业都处于动态变化中。固碳项目要能够敏锐地根据时间变化准确地捕捉到这些动态现象。许多政策制定者希望仅为新增的碳储量进行补偿。最后，测量和核实都是重要的限制条件。此类项目须鼓励使用成本最低的测量技术（如激光雷达技术），否则将会大幅提高管理成本。

但是即使拥有这些管理上的创新，也存在着两个尚未解决的问题。固碳项目必须要解决森林共有财产的特征（即多人拥有森林的所有权）。固碳项目还必须解决涉及当地森林土著居民的平等性问题。其中一种方法是进行国有化，将泄漏问题内部化，并在国家层面解决所有权

和公平问题，政府可以通过财政激励的方式解决这些问题。如果固碳计
划能够克服这些管理上的障碍，我们有理由相信林业能够实现其减排潜
力。如果这项计划未能解决这些争议，那么林业很有可能变成一种无效
的减排资源。

参考资料和延伸阅读

For more information on carbon emissions from land use, see the following:

Houghtonm, R.A., 2003, "Revised Estimates of the Annual Net Flux of Carbon to the Atmosphere from Changes in Land Use and Land Management 1850-2000," *Tellus Series B Chemical and Physical Meteorology*, Vol.55B, pp.378-390.

Intergovernmental Panel on Climate Change, 2007, *Climate Change 2007: Mitigation of Climate Change*.Contribution of Working Group III to the Fourth Assessment Report of the Intergovernmental Panel on Climate Change, 2007 (Cambridge, UK: Cambridge University Press).

Pan, Y., R.A.Birdsey, J.Fang, R.Houghton, P.E.Kauppi, W.A.Kura, O.L.Phillips, A.Shvidenko, S.L.Lewis, J.G.Canadell, P.Ciais, R.B.Jackson, S.W.Pacala, A.D.McGuire, S.Piao, A.Rautiainen, S.Sitch, and D.Hayes, 2011, "A Large and Persistent Carbon Sink in the World´s Forests, " *Science*, Vol.333, pp.988-993.DOI: 10.1126/science.1201609.

United Nations FAO, 2010, "Global Forest Resources Assessment 2010."FAO Forestry Paper 163(Rome: United Nations Food and Agricultural Organization).

For more information on the cost of forest sequestration, see the following:

Richards, K., and C.Stokes, 2004, "A Review of Forest Carbon Sequestration Cost Studies: A Dozen Years of Research," *Climatic Change*, Vol.63, pp.1-48.

Sathaye, J., W.Makundi, L.Dale, P.Chan, and K.Andraskp, 2006, "GHG Mitigation Potential, Costs and Benefits in Global Forests, " *Energy Journal*, Vol.27, pp.127-162.

Sohngen, B., 2010, "Forestry Carbon Sequestration,"in *Smart Solutions to Climate Change: Comparing Costs and Benefits*, ed.by B.Lomborg(Cambridge, UK: Cambridge University Press), pp.114-132.

——, and R.Mendelsohn, 2003, "An Optimal Control Model of Forest Carbon Sequestration," *American Journal of Agricultural Economics*, Vol.85, No.2, pp.448–457.

For more information on designing carbon storage incentives, see the following:

Antle, J.M., S.M.Capalbo, S.Mooney, E.T.Elliot, and K.H.Paustian, 2003, "Spatial Heterogeneity, Contract Design, and the Efficiency of Carbon Sequestration Policies for Agriculture," *Journal of Environmental Economics and Management*, Vol.46, pp.231–250.

Marland, G, K.Fruit, and R.Sedjo, 2001, "Accounting for Sequestered Carbon: The Question of Permanence, " *Environmental Science and Policy*, Vol.4, No.6, pp.259–268.

Sedjo, R., and G.Marland, 2003, "Inter-Trading Permanent Emissions Credits and Rented Temporary Carbon Emissions Offsets: Some Issues and Alternatives, " *Climate Policy*, Vol.3, No.4, pp.435–444.

For more information on the cost of measurement and compliance, see the following:

Antinori, C., and J.Sathaye, 2007, "Assessing Transaction Costs of Project-Based Greenhouse Gas Emissions Trading, " Report LBNL-57315 (Berkeley, CA: Lawrence Berkeley National Laboratory).

Macauley, M., and R.A.Sedjo, 2011, "Forests in Climate Policy: Technical, Institutional and Economic Issues in Measurement and Monitoring." *Mitigation and Adaptation Strategies for Global Change*, Vol.16, No.5, pp.489–513.

For more information on programs to store carbon in forests, see the following:

U.S.Department of Agriculture, Farm Services Agency, http://www.fsa.usda.gov/FSA.

Verified Carbon Standard, www.v-c-s.org.

World Bank, 2011, Forest Carbon Partnership Facility, http://www.forestcarbonpartnership.org/fcp/.

[第6章]
发展中经济体的减缓手段与燃料定价[①]

罗伯特·吉林汉姆

原国际货币基金组织财政事务部独立顾问

迈克尔·基恩

国际货币基金组织财政事务部

决策者所需的关键信息

● 中等收入与中低等收入国家只占到全球二氧化碳（CO_2）排放的12%，尽管这个份额正在增加（它们在其他温室气体中占有更大份额）。

● 几个大的中低收入国家已经成为重要的二氧化碳排放来源；对它们来说，这本书里其他章节的指导很有借鉴意义。

● 但是，二氧化碳排放低的发展中经济体也在寻求有效应对气候变化的方法中发挥关键作用：比如，如何找到预防"碳泄漏"的方式，因为高排放的国家在采取减缓措施的时候，可能把排放转移到这些国家，以及找到更为经济的减排方式。

● 与主旋律所倡导的不同的是，有效的全球减缓策略并不需要发展中国家采用与高排放国家相同的计价标准。

---

① 我们要感谢 David Coady，Shanta Devarajan，Philip Daniel，Stephane Kallegatte，Adele Morris 和 Ian Parry 提出的许多有价值的意见。

- 这些国家制定的好的税收政策（包括商业和家庭用途的）至少应反映地区和国家范围内出现的环境污染问题。除此之外，对最终消费者征收的增值税或其他形式的营业税也很关键。

- 化石燃料补贴一直都是不当的政策，这类政策会造成排放量的增加，还阻碍了其他更好的帮助穷人的方式。摆脱它们的关键途径是提高社会保障系统的透明度和发展水平。

- 不健全的管理与糟糕的执行导致很多发展中经济体对能源使用滥征税。

- 作为减缓战略的一部分，尽管抵消计划本身有一些优势和劣势，但它的重要性在未来有望增加，有可能为发展中国家带来额外收入。

　　本章探讨发展中经济体减少碳排放的财政政策，以及与化石燃料大体相关的问题。本章也将简要探讨发达经济体采取的减缓措施的影响。本章的中心论点非常明了。发展中经济体（世界银行划分的低收入和中低收入国家）的排放路线对未来变暖的影响是相对无形的。因此，让它们在未来承担主要减排成本的案例显得非常苍白，更不用说，它们对温室气体的累计存量贡献甚少，因此应承担的责任也更小。尽管发达经济体的资金流非常重要，我们也需找到在发展中经济体进行低成本减排的方案，且如果需要的话，避免发达经济体采取激进措施造成的过度泄漏。此外，即使把对气候的关切放在一边，一些发展中国家出于对自身利益的考虑，也会完善对化石燃料的财政政策。在很多案例中，这种改善有利于降低排放量。

　　本章首先会介绍发展中国家目前和未来在全球二氧化碳排放量中的占比。接着会根据当前化石燃料消费与生产的水平以及温室气体排放的水平，来讨论不同收入水平国家间的分配。接下来将讨论如何对排放温室气体的产品和活动进行税收设计，在这个过程中要兼顾效率与公平。此后，将对低收入、中低收入国家的政策原则进行对比。在接下来的两个部分，我们将探讨如何处理改革中出现的与公平相关的不良后果与抵消方案。抵消方案可以为发展中国家带来收益，监管目前还受到限制，但是在未来肯定会越来越重要。

6.1 对全社会有益的减缓？

低收入与中低收入国家的二氧化碳排放量只占全球的12%（当然，如下所示，它们其他温室气体的排放份额较高），并且它们的人均排放量只是发达国家的1/10（见图6-1）。单个来说，所有低收入国家和大部分中低收入国家的排放量是微不足道的。当然，未来这些国家排放量的绝对值和相对比重都会增加，但在未来数十年内，它们对全球排放量的影响依旧不会很大[①]。一些中低收入国家在温室气体的排放量中占很大比重：其中的五个国家——印度、中国、巴基斯坦、乌克兰和乌兹别克斯坦的排放量在50个中低收入国家中占75%（2009年），有10个国家的排放量占90%。这些国家降低排放量或减缓排放量增加的努力都将对减少气候灾害有突出贡献，这点在本书探讨的其他问题中也有所体现。

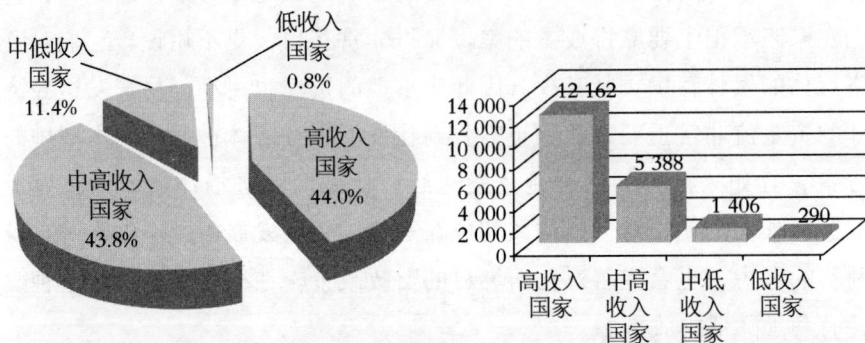

图6-1　2009年CO₂排放（左图为全球份额，右图为人均份额（以千克计）

数据来源：美国能源信息署（http://www.eia.gov/countries/data.cfm）及笔者推算。

这里的焦点是低收入国家和中低收入国家。它们的排放对大气中温室气体浓度影响较小。尽管它们也受到气候灾害影响，但由于它们对气候现状无能为力，所以采取单方面减排的动力不足。对它们而言，采取减缓措施成本高昂，所以它们不会出于气候原因采取激进的减缓措施。

---

① 根据收入类别对现在和过去的排放量进行分解的数据尚未获得。对于除巴西、中国、印度、印度尼西亚和俄罗斯以外的发展中国家，经合组织预测其在2010—2050年全球排放量中的占比基本保持不变（占到约26%）。

• 这些国家需要采取一定的减缓措施以避免来自采取激进措施的地区的泄漏，即避免由于排放工厂迁址而造成的排放增加和受诱导降低化石燃料价格的现象。如果这些采取激进政策的国家对不采用类似排放价格的国家进行边境税调整，即对来自未实施可比排放价格国家的进口产品征收相应的税收，那么这种风险将会被降低。这也会激励其他国家采取相同的策略。

• 通常，在这些国家减排的成本要比发达国家低。效率（和未来的潜在增益）的获得需要找到实现这些机会的方式，比如国际间运输。

很有可能，在发展中国家，温室气体排放的定价不是阻止全球变暖的首要选择。与化石燃料相关的财政政策会受个人私利影响。接下来会探讨，这里有很大的提升空间。在此之前，应探讨这些国家燃料使用和温室气体排放的模式。

6.2 化石燃料消耗和二氧化碳排放分配

6.2.1 受收入水平影响的消耗与排放趋势

化石燃料的使用高度集中于高收入与中高收入国家。在20世纪80年代，这两类国家占总能源消耗的96%（见表6-1）。到了2008年，这个份额下降到89%，中低收入国家高于平均的消耗增速远远抵消了低于平均的发达国家消耗增速（43%）。中低收入国家能源消耗的极快增速抵消了这两类高收入国家的下降速度，这个增加的份额的80%和90%都来自于这个组里的5个和10个国家。这个组里最小的45个和40个排放者分别只占1.2%和0.5%。

从所有指标来看，中低收入国家都不是二氧化碳的主要排放者[①]。实际上，虽然它们的能源消耗量不变，它们的二氧化碳排放量也有所下降。这部分是因为，收入分组取决于当前收入水平。一些发展迅速的国家，如中国和印度已经位列中等收入水平，这些国家拉高了中等收入国家的能源消耗增速和二氧化碳排放增速，使低收入国家经济发展速度变低。中低收入国家之中的少数几个消耗者/排放者约占这个组里7.4个增长百分点。

---

① 例如，低收入国家只占自1850年累计的二氧化碳排放量的2%。

表6-1   能源和二氧化碳排放消耗，1980—2008年

	1980	1990	2000	2008	变化率（%） 1980—2008[*]
来自石油的排放份额					
世界	47.9	41.7	42.6	36.7	−11.2
高收入国家	51.9	46.9	47.4	46.0	−5.9
中高收入国家	40.6	33.7	34.7	26.1	−14.5
中低收入国家	54.1	48.5	40.5	36.6	−17.5
低收入国家	26.6	27.4	39.1	40.9	14.3
来自煤炭的排放份额					
世界	35.6	38.4	36.3	43.2	7.6
高收入国家	31.7	34.2	31.5	31.2	−0.5
中高收入国家	41.9	44.2	44.1	57.0	15.0
中低收入国家	32.3	34.9	37.7	42.7	10.4
低收入国家	71.1	66.6	46.3	37.6	−33.5
来自天然气的排放份额					
世界	16.5	19.8	21.2	20.1	3.6
高收入国家	16.4	18.8	21.1	22.8	6.4
中高收入国家	17.5	22.0	21.2	16.9	−0.6
中低收入国家	13.6	16.6	21.8	20.7	7.1
低收入国家	2.4	6.0	14.6	21.6	19.2
总能源消耗（占世界总量百分比）					
世界	100.0	100.0	100.0	100.0	
高收入国家	63.2	57.8	60.2	51.4	−11.8
中高收入国家	32.5	36.2	29.6	37.3	4.8
中低收入国家	3.5	5.2	9.5	10.6	7.0
低收入国家	0.8	0.8	0.7	0.8	−0.1
二氧化碳排放（占世界总量百分比）					
世界	100.0	100.0	100.0	100.0	
高收入国家	61.0	54.3	56.9	46.7	−14.3
中高收入国家	34.3	39.0	32.0	41.3	7.1
中低收入国家	3.9	5.8	10.4	11.3	7.4
低收入国家	0.9	0.9	0.7	0.7	−0.2
备忘录项：	281.8	345.4	393.4	488.0	73.2
总能源消耗 （千兆英热单位）					
二氧化碳总排放 （10亿吨）	18.3	21.5	23.5	30.1	64.0

　　数据来源：美国能源信息局（http://www.cia.gov/countries/data.cfm）及笔者评估。

[*]平均消耗量的百分比及百分比变化。

　　排放量的增速很大程度上反映了能源消耗的增速。但是，整体的排放增速更低，反映平均每消耗一单位的能源所排放的气体减少了。这反映出，能源的来源的碳密集程度普遍更低。在全球范围内，能源的使用已经从汽油转向煤炭、天然气和其他不排放温室气体的能源，比如：核能和可再生能源（见附表6A-1），与之相伴，排放源也发生了改变（见表6-2）。结果是，尽管排放强度最高的煤炭部分抵消了来自天然气和可再生能源的获益，排放强度仍然出现净增长（见表6-3）。高收入国家已经从汽油和煤炭转移向天然气和其他类型的能源，但是一些中等收入，尤其是上中等收入国家由于中国的原因而转向煤炭。另一方面，低收入国家已经大幅摆脱煤炭的使用，而更多地使用天然气，主要是因为这种能源越来越容易获得。

表6-2　　　　　　　　　　排放物来源分布，1980—2008年

	1980	1990	2000	2008	变化率(%) 1980—2008*
来自石油的排放份额					
世界	47.9	41.7	42.6	36.7	−11.2
高收入国家	51.9	46.9	47.4	46.0	−5.9
中高收入国家	40.6	33.7	34.7	26.1	−14.5
中低收入国家	54.1	48.5	40.5	36.6	−17.5
低收入国家	26.6	27.4	39.1	40.9	14.3
来自煤炭的排放份额					
世界	35.6	38.4	36.3	43.2	7.6
高收入国家	31.7	34.2	31.5	31.2	−0.5
中高收入国家	41.9	44.2	44.1	57.0	15.0
中低收入国家	32.3	34.9	37.7	42.7	10.4
低收入国家	71.1	66.6	46.3	37.6	−33.5
来自天然气的排放份额					
世界	16.5	19.8	21.2	20.1	3.6
高收入国家	16.4	18.8	21.1	22.8	6.4
中高收入国家	17.5	22.0	21.2	16.9	−0.6
中低收入国家	13.6	16.6	21.8	20.7	7.1
低收入国家	2.4	6.0	14.6	21.6	19.2

　　数据来源：美国能源信息局（http：//www.cia.gov/countries/data.cfm）及作者评估。

*平均消耗量的百分比及百分比变化。

表6-3　　　　　　　　　　排放和能效，1980—2008年

	1980	1990	2000	2008	变化（%） 1980—2008*
以2005年汇率计，每千美元GDP增长产生的碳排放量（千克）					
世界	688	705	596	603	−12.4
高收入国家	595	466	418	372	−37.5
中高收入国家	225	1 890	1 327	1 346	9.9
中低收入国家	989	1 258	1 506	1 300	31.4
低收入国家	334	1 281	900	739	−44.6
以2005年汇率计，每千美元GDP增长产生的英热单位					
世界	10 723	11 384	9 965	9 785	−8.8
高收入国家	9 669	8 046	7 406	6 643	−31.3
中高收入国家	6 858	28 230	20 522	19 720	17.0
中低收入国家	13 680	17 935	22 873	19 678	43.8
低收入国家	19 596	18 243	15 002	12 999	−33.7
以2005年汇率计，每千美元GDP购买力平价产生的碳排放量（千克）					
世界	597	589	490	462	−22.6
高收入国家	626	488	434	383	−38.9
中高收入国家	639	920	647	637	−0.3
中低收入国家	348	436	519	449	28.9
低收入国家	327	308	200	157	−52.1
以2005年汇率计，每千美元GDP购买力平价产生的英热单位					
世界	9 301	9 512	8 190	7 495	−19.4
高收入国家	10 175	8 426	7 687	6 838	−32.8
中高收入国家	8 793	13 737	10 006	9 331	6.1
中低收入国家	4 814	6 211	7 884	6 791	41.1
低收入国家	4 796	4 389	3 338	2 753	−42.6

数据来源：美国能源信息署（http://www.eia.gov/countries/data.cfm）及笔者推算。

注：Btu=英热单位；PPP=购买力平价。

*平均消耗量的百分比及百分比变化。

总之：

● 低收入和大部分的中低收入国家为全球排放量的水平和增加贡献甚少，主要是由于缓慢的增长制约了能源消费。

● 另外，低收入国家，不包括中低收入国家，已经从对煤炭的使用转移到对更清洁的碳氢化合物的使用，这再次减少了它们的碳排放。

低收入和大部分中低收入国家降低排放的举措对减少全球排放量至关重要。

6.2.2　能源效率趋势

如果从效率的角度看，低收入和中低收入国家的能源排放和能源消费就与前文所说的有所不同。这种不同在某种程度上是各国国内生产总值（GDP）差异造成的。

用市场汇率来衡量（见表6-3上部分），全球碳浓度从1980—2008年下降了12%。这完全是由于高收入和低收入国家的能源使用效率提高，低收入国家对总量的贡献非常少。另外，几乎所有能效提高都源自能源使用量的下降。从每个子组每一美元GDP的Btu[①]增量可以看出中等收入国家能源使用效率的下降。按购买力平价计算的GDP（见表6-3下部分）会受一些因素影响而调整，比如，由于劳动密集型的非流通服务在贫穷的国家往往更便宜，这导致GDP数据更高，排放量和能源强度更低。[②]现在，几乎所有的能源和排放效率的提高都发生在高收入国家，但是其他收入组别国家的效率相对更高。广义上的变化规律是相同的，除了中高收入国家购买力平价基础上的排放强度下降，但是当考虑到市场汇率的时候这个值又上升了。

这节说明，尽管低收入和许多中低收入国家对全球能源使用和排放的贡献非常少，但只要这些国家能够维持可持续发展，它们在提高能效上还有上升空间。这也是我们接下来要讨论的抵消计划所涉及的。

6.2.3　其他温室气体

甲烷和一氧化二氮是继二氧化碳之后由人类活动产生的两种最重要的温室气体。以二氧化碳当量计算，这些温室气体的排放量也十分可观，尽管总量上要小于二氧化碳的排放量（见表6-4）。低收入和中低收入国家在此类温室气体排放中占到相当大的比重。根据2005年不完全数据计算，低收入国家大约占到这两类温室气体排放量的10%，中低收入国家占比约为1/4。

农业和畜牧业是产生甲烷和一氧化二氮最主要的源头。因此，低收入和中低收入国家才成为这些温室气体的主要来源，例如，很多欠发达国家在大量使用氮肥。理论上，这些温室气体的排放量会受到价格波动的影响，通过价格能够看出它们在温室气体排放中的占比。但是，在实践中，它们不适用于课税或总量控制和交易体系，而这两者正是本书和本章节的主要内容。因此，也就难以与化石燃料产生的二氧化碳进行类比（由于二者存在必然联系，可以对上游进行监测）。在可预见的未来，对于低收入国家而言，这一领域首要的减排工具将是开展节约型农业和养殖节能技术。

---

① Btu是一种英国热量单位，是对所消耗能量的度量。

② 高收入国家的能效并未受到太大影响，因为美国被作为购买力平价计算的基准。

表6-4   **1990—2005年甲烷和一氧化氮排放合计**

	1990	1995	2000	2005[*]
百万吨二氧化碳等量				
世界	7 891	8 126	8 627	7 351
高收入国家	2 532	2 500	2 370	2 291
中高收入国家	3 043	3 206	3 389	2 170
中低收入国家	1 698	1 772	2 070	1 639
低收入国家	618	648	798	1 251
占世界总量百分比				
世界	100.0	100.0	100.0	100.0
高收入国家	32.1	30.8	27.5	31.2
中高收入国家	38.6	39.4	39.3	29.5
中低收入国家	21.5	21.8	24.0	22.3
低收入国家	7.8	8.0	9.2	17.0

数据来源：世界资源研究所（http：//earthtrends.wri.org）及作者评估。

[*]2005年的数据不完整。我们假定未收录的国家其增长率等于相近收入等级的、有数据记录的国家增长率的平均值。

6.3　对税种设计的考虑

低排放的发展中经济体要面对两个关键的问题：它们是否应对碳排放定价，如果需要的话，定在什么水平合适？还有哪些因素会影响到它们对化石燃料课税？

6.3.1　发展中经济体的能源税应反映对气候变化的关切吗？

一项适用于全球的高效减排方法要求所有国家对二氧化碳排放征收同样的费用，这被视为一种准则。即便不考虑实践中许多发展中经济体的排放量非常小，这种想法也是不正确的，主要有两个原因：

　　第一，这一准则的适用前提是，国家之间的收入分配是无形的，或者通过从富国向穷国的转移支付得以实现。而无论哪一种情况都不是制定政策的合理假设。一旦失败的话，从公平的角度讲——这与"责任"无关——欠发达国家的碳排放适用于较低的税率。实际上，考虑到上述这些国家较低的碳排放水平，对碳排放免于收费——或低到能够避免产生明显的泄露——就足以说明其合理性。

　　第二，这一准则忽视了二氧化碳排放与税收体系其他部分（还包括其他潜在的市场失灵，如下文将谈到的地区性污染）的互动。这种互动的影响可以说十分复杂。在某些情况下，这是指对二氧化碳排放征收惩罚性税收的效用要低于不征税，因为税收对环境污染的治理效用被抵消了，至少由于经济活动减少而对政府总的税收收入造成了部分影响。在另外一些情况下，这种互动关系又会使税收的效用高于不征税——也许是作为应对非正式经济活动的一种办法，这一点将在接下来讨论。这里要强调的是，对碳排放征税要被视为国家税收体系的一部分，并考虑到每个国家在这些领域面临的不同挑战。这也是我们接下来要谈到的。

6.3.2　不考虑气候变化因素，发展中国家应如何对化石燃料课税？

　　适用于发达经济体的原则应放之四海而皆准，这也正是本书其他章节所讨论的，但是在应用中仍然存在着一些重要的分歧。

　　不考虑对气候变化的影响，使用化石燃料会与地方或者国家层面产生的负外部性问题相关，这也是决策者们能够和应该解决的。这些问题包括机动车使用造成的拥堵、地方噪音污染、二氧化硫、氮氧化物和颗粒物排放。解决这类外部性问题就需要使用"惩罚性"税收——目的是改变行为而非增加税收。为了避免不必要的扭曲，课税对象应尽可能贴近产生外部性的源头。因此，只有与碳相关的外部性问题需要以碳排放费的方式进行惩戒。而像解决拥堵问题，最好是明确地收取拥堵费（在高峰时段每英里费用不等），这种做法已经被发展中国家和新兴经济体的一些城市所采纳（实际上，从长期来看，拥堵费是基层政府一项重要的收入来源）。但是，以这种方式对惩罚性税收进行微调，既会受限于发展中经济体有限的行政能力（被用于更重要的行政事务上），也受制于这些国家对外部性成本有限的了解。广义上的碳税可以解决这些地方上的外部性问题，例如，在巴基斯坦开展的早期工作表明，对每吨二氧化碳征收约25美元的碳税所产生的效用绝不仅限于此。如果碳税做不到的话，那就只能继续维持使用燃油税，发挥其代理作用，对交通拥堵和机动车造成的其他危害进行惩戒。

　　更重要的是，为了纠正与燃料使用相关的外部性，对商业用户和最终用户应一视同仁——二者造成的危害并没有什么不同，按同一税率征收（如果缺少其他更好的选择）。征税不应该存在特例，例如，对公路运输使用的燃料和拥堵费，就不应该对商业旅行网开一面。更为可行的是，对不同石油产品征收的税率应有所差异，以体现不同的外部性。例如，对摩托车征收燃油税就应考虑拥堵和事故（相对比重更大）造成的外部性，而对发电企业或家用燃油取暖，就不需要考虑这些外部性问题。

　　除了外部性，能源税同样还能满足政府的收入需求。如果政府能够有效推行一揽子消费税，那么这种提高税收收入的动机（与环境动机相反）就会要求，只对能源使用的最终用户课税，而非对流通环节课税。造成这一现象的原因是，对企业的进项课税将诱使企业做出选择（调整进项并加强垂直整合），做出不同于在社会成本和收益驱使下的选择。因此，对中间产品课税能够有效减少总产出，从而使得征税的社会成本更高。那么，如果只从收入考虑，燃油税率应该按照一国对最终消费品的课税计征，而在实践中，就意味着要采用增值税。增值税能够将商业用途排除在外，向注册企业提供抵扣额度或对进项进行税收返还。例如，增值税应该适用于所有电力消费（住宅、工业和商业），但是要向工商业用户提供抵扣额度或返还，确保只有家庭用户需要缴纳。

　　当存在外部性且需要增加税收时，那么这些考虑就指向了两种不同的燃油费计征：一种是消费税（以"特殊"的税收形式——固定税——造成的危害不随产品价格变化而变化），另一种是从价税——包含消费税的价格①——属于广义的增值税种。理论上，消费税本身会比边际环境损害略高或略低，正如上所述，也就是要充分考虑与其他税种的关系，但是，这

---

　　① 基于包含消费税的价格而计算的增值税，能够保证增值税的税率不会因产品不同而变化，也就不会影响到它们的相对价格。

通常都是一种次要的考虑。

那么问题是，应按照何种税率对作为最终消费品的燃料计征。第一个原则是最终消费品中"闲暇"（即非税活动）用途的比重越大，税率越高，以控制税收体系产生的扭曲，这种扭曲与所熟知的"弹性反比法则"相关：对需求价格弹性低的产品按较高的税率征收。第二个原则是为了实现公平，用于改善的消费越多，对燃料就按越高的税率计征，而对其他商品按同一税率征收。

从中可以发现一些可以广泛应用的原则。例如，国内的运输燃油应按照第一级节能标准征重税。但是这有赖于每个国家的国情，还关系到个人使用的燃油主要用于闲暇出行还是与工作相关的出行。但是，这些问题从实证的角度看是比较弱的，计征差别税率也是同样（更不用说实施过程产生的巨大成本）。此外，从公平的角度讲，对不同的最终消费品采取差别税率很难实现分配的目的。这一点在发达经济体中尤为明显，因为有其他与收入相关的工具可以用来帮助穷人。即使在低收入国家，穷人依然可以更多地从医疗和教育的专项支出、对工作的税收补贴或简易的社保体系（将在下面讨论）中受益，而不是降低某项商品的税率。而实际上，降低税率的理由——正如接下来要讨论的，公开补贴——其本质上便存在瑕疵。例如，一些发展中国家试图解决对家庭用电课税的问题，降低对低水平用电量的增值税税率，这会对收入分配产生负面影响，但是对于普遍存在的燃油补贴，这种思路经常是错位的——许多发展中国家最穷的家庭根本用不起电。

实际上，对燃料产品实施差别化的增值税税率，其理由经不起推敲。这种差别税率还会产生行政上和实施中的问题，特别是在低收入国家。因此，可以推定单一税率的增值税更受欢迎。

许多发展中国家在税收管理上面临挑战，不仅要设置燃油消费税的不同层级，还包括一般意义上的化石燃料。它们仍将青睐于对能源和碳氢化合物课以重税，其原因有二：

一是燃油税——特别是消费税——应该成为最容易管理和履行的税收。征税对象包括矿山、进口产品或炼油厂——意味着政府可以控制一切

（见第2章）。国家石油公司同样可以进行控制。对燃油课税与对个人收入征税相比更为易行，国家对该税种的依赖也更大。

二是在发展中经济体存在着大量非正式部门——这类企业往往不履行纳税义务，因此，政府难以对家庭最终消费或企业利润课税。在这种情况下，只能对消费和利润间接计征，如对生产的进项进行课税。而对于许多企业来说，能源就属于进项。因此，对燃料课税能够弥补这些企业在销售和利润上逃税造成的税收损失。

尽管如此，这些理由并不是绝对的。例如，按时纳税的企业同样要承担较重的能源消费税[①]，劳动力市场的扭曲会放大对就业的负面影响（这已经在南非成为一个问题）。但是，较高的能源消费税确实强化了发展中经济体对能源使用的课税，并且如果有必要的化，还与接下来要讨论的保护最贫困群体的措施一同使用。

6.4　低收入和中低收入国家的碳氢化合物价格

很明显，发展中经济体应该和其他国家一样，为消费者和企业制定碳氢化合物的价格，至少要按照此前讨论的，在缺少温室气体全球外部性影响的情况下制定合理的税收政策标准。解决气候变化问题要将这些价格设定得更高，从而反映上述提到的关切。从后者的角度，这一节将讨论发展中经济体是否出于自身利益考虑，在缺少对气候变化关切的情况下，设定的税率处于或高于这一水平，以便有效增加收入并解决地方外部性问题。

6.4.1　汽油和柴油价格

关于碳氢化合物，现在还没有类似能源生产消费和温室气体排放那样的综合性数据库。但是，德国的国际开发机构GIZ每两年发布全球170余个国家的含税汽柴油价格（见表6A-3对趋势的总结）。基于这些数据，没有任何证据显示低收入国家对汽油和柴油进行了大规模补贴。2010年12月，低收入国

---

① 原则上，基于这个原因对能源征收较高的增值税率要比征收较高的消费税率更受青睐：对那些未缴纳增值税的企业会产生同样的影响，却不会影响缴税企业（这些企业可以获得信贷或退税）。但是，不同的增值税率会增加征缴过程的难度，因此很少有国家在实际中应用。

家的平均汽油价格为每升 1.26 美元。价格浮动范围从最低的缅甸每升 0.80 美元到最高的中非共和国马拉维 1.71 美元。石油出口国的平均价格略低。

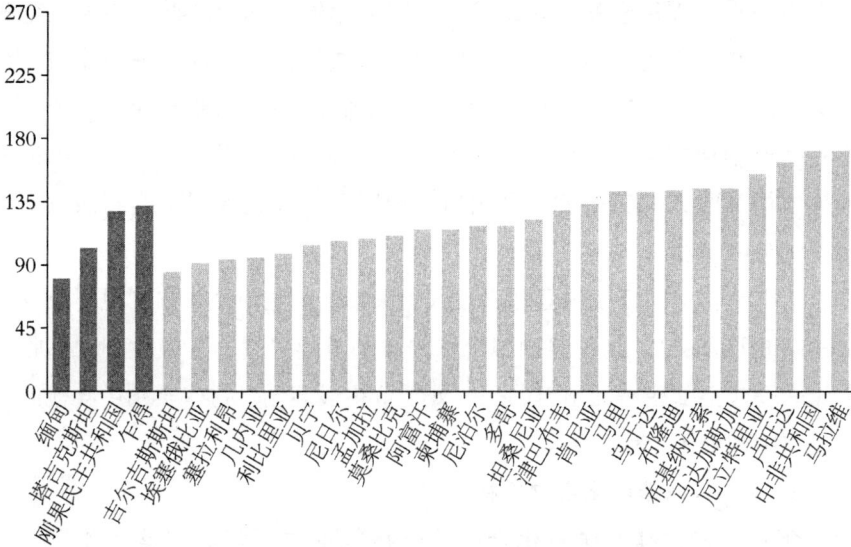

图6-2　2010年低收入国家汽油价格（单位：美分/升，深色为石油出口国）

Source：GIZ（http：//www.gtz.de/en/themen/29957.htm）.

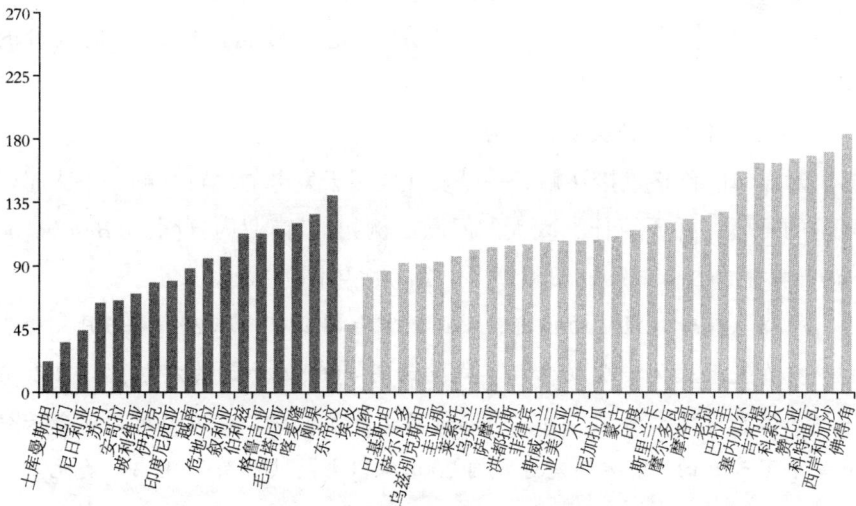

图6-3　2010年12月中低收入国家汽油价格（以美分/升计，深色为石油出口国）

Source：GIZ（http：//www.gtz.de/en/themen/29957.htm）.

石油出口国低廉的价格或者对石油产品提供补贴的做法，在中低收入国家趋势更为明显：在这一组，2010年12月石油出口国的平均价格要比非石油出口国每升略低0.28美元。交通运输成本的高低并不能完全解释这一差异，因为许多石油出口国并没有或只拥有较低的炼油能力，至少有一些石油产品需要进口。即便是中低收入国家中非石油出口国的价格也要比全球平均价格低，这些国家的平均价格是所有四个组别中最低的（上中等收入国家中的石油出口国要比下中等收入国家的石油出口国享受更低的价格）。

上中等收入国家或地区和高收入国家或地区的汽油价格详见附录（图6A-1和图6A-2）。这些组别中价格的波动范围很宽，其中欧洲的高收入国家——包括那些石油出口国——处于价格最高端。这些类别中其他的石油出口国则处于价格低端。

6.4.2　其他碳氢化合物价格

众所周知，其他碳氢化合物的价格数据并不那么完整。如天然气价格，一些国家仍然在进行补贴，这种现象在其他一些产气国的国内市场也存在；而低收入国家是主要的天然气进口国。普遍来说，对于一些用于发电的燃料，问题的关键并不是燃料的价格，而是电价的制定。

6.4.3　电力和公共交通补贴

对煤炭的价格直接补贴——以及其他用于发电的燃料补贴——比起对电价的补贴，并不算什么太大的问题。例如，《商业内幕网》（Business Insider）就在2011年5月25日发表了一篇有关中国的报道：

根据《环球时报》的报道，中国国家电网公司（在2011年5月）警告称，将在夏天关闭一些发电厂，减少最高4 000万千瓦的发电量。自2007年以来煤炭价格上涨了75%，而电价只上涨了15%，电力公司为此焦头烂额。中国最大的5家燃煤发电厂自2008年以来总共损失了92.3亿美元。能源分析师李朝林告诉《环球时报》："许多燃煤发电厂已经关闭了发电机组，因为发的电越多，损失就越大。"

为此，《东方早报》上发表的社论抱怨道："煤炭行业处于市场经济，而电力行业仍然处于计划经济下。"

许多低收入国家对电价实行补贴，由此引发了重大财政问题。通常由一家公用企业负责发电，而国家的补贴是隐性的，只有资本重组时才能显现。几个国家对电价的补贴占到本国GDP的2%~3%。

对公共交通的补贴同样会导致对石油产品的过度使用，即使汽油和柴油价格都是市场化定价。和电价一样，政府对公共交通的补贴允许这些企业存在大量的运营亏损。发达经济体的研究发现，对主要城市公共交通的巨额补贴能够实现各种规模经济，并减少汽车造成的外部性损失（在拥堵城市更为明显）。不过对公共交通的定价需要进行个案评估。

6.5　解决补贴改革产生的负面问题

6.5.1　补贴改革

普遍性燃料补贴的收益通常会增加收入最高的群体的收益，从而使补贴成为一种用于保护贫困家庭福利且成本极高的手段。例如，把最为贫困的20%的家庭作为"穷人"群体，通过汽油补贴的方式将1美元转移给这一群体的成本高达33美元（即1美元/0.03）。这说明，每100美元汽油补贴会有97美元"泄露"给其4/5收入较高的群体。即使是煤油——广泛用于贫困家庭的取暖和做饭中，其成本收益率通常也要5美元左右（即1美元/0.19）。

如此高的补贴收益泄漏意味着，开发其他更有效的保护贫困家庭真实收入的办法将会带来更高的回报。例如，用于建设一个社会安全网项目的财政资金，每100美元中有15美元属于行政成本，剩余85美元中有80%转移支付给穷人（即相当于总预算的68%），那么这个项目的（预算）成本收益率是1.5美元（即1/0.68），比煤油补贴的成本收益还要低[1]。此外，通过煤油补贴提高对穷人的保护，同时又不会对燃油市场产生严重影

---

[1]　要对价格补贴和其他扶助穷人的手段进行全面比较的话，还应考虑它们产生的激励影响以及向它们提供的融资手段。

响的手段则极为有限。相对较低的煤油价格会使得汽油被煤油所取代（合法或非法的），并导致农村家庭煤油短缺，助长以更高价格向邻国走私。

但是，取消燃料补贴仍会对贫困家庭产生巨大的负面影响，补贴改革的策略还要考虑公平因素。如果存在一个高效的社会安全网，增加此类项目的预算可以解决贫困问题，同时降低财政成本。对于那些尚未建立高效安全网的国家而言，在财政条件允许的情况下，可以采取渐进式的改革方案。这种方案包括在短期内维持煤油补贴，利用现有的可以快速扩张的项目，提高效率（例如，学校午餐、降低教育和医疗费用、向弱势群体提供现金，或者对一定标准下的用水量进行补贴）。

同样，对其他公共支出，例如教育和医疗支出，以及基础设施建设，如修路和供电项目，都可以增加预算。

提高零售价格以减少燃料补贴在政治上总是难以实现。从最基本的层面讲，对补贴的支持意味着对政府缺少信任：特别是在石油输出国，人们认为补贴是公民从公共资源中获益同时又避免向政府放权的一种方式。处理补贴问题被视为更大范围治理改革的一个重要组成部分。

一场高效且可以接受的公共信息运动将成为获得公众对涨价支持的关键（而且是不可分割的部分），要向潜在的收益者（消费者和纳税人）告知现行补贴存在的问题以及改革带来的收益。特别应包括以下方面：

• 明确补贴会导致对燃料的过高消费，而由此产生的巨额财政成本对于增长和减贫都是有害的。取消补贴将鼓励更为合理地消耗能源，进而减少未来国际价格上涨对经济的影响。此外，补贴改革将有助于提高财政的可持续性，促进经济增长，而二者都是减贫的关键。不断增长的经济将会提高家庭抵御主要商品价格上涨的能力，并成为遏制价格上涨所产生的负面影响最为有效的手段。

• 明确高收入群体才是燃料补贴的最大受益者，而相对价格更高的邻国也可以通过跨境走私成为获益者。有证据指出，从低油价中获得最大收益的是高收入群体。政府在必要的情况下，还应指出补贴会助长走私、物资短缺、黑市猖獗和腐败。

• 明确国内价格的变化是对国际价格波动的反映，远非一国政府所能控制。所有国家都面临价格波动，需要进行价格调整以应对现实。国际价格的上涨会传导到国内价格，从而能够激励消费者减少燃油消耗，降低价格波动对整体经济的影响。如果出口国不调整国内价格，将要承担出口减少造成的机会成本以及价格错配造成的效率损失。

• 要使公众了解燃油税收入对于财政确保公共支出的重要性。要明确这些税收的重要性，用于一系列优先确保的公共支出，如提高教育、医疗和基础设施建设水平。在价格上涨幅度较大时，可以减少对次优项目的支出，而这些支出在补贴增加时可以实现。此外，对预算内补贴的记录要公开透明。

为避免燃油补贴一再出现，就需要在许多国家寻找到一种新的燃油定价方法。对于存在燃油补贴的国家，政府对国内价格的控制造成的看法是，价格调整只是政策变化的一种简单体现，并没有反映国际上的因素，而政府出于政治压力，会避免把国际上的价格上涨传导到国内，相反，只会在国际价格下跌时进行传导。所以，进行有效沟通的需求永远不会停止。避免补贴重现之难不亚于消灭补贴，只有公众习惯于理解国际价格对国内价格的影响才能够实现。

6.5.2 改善定价机制

对于石油定价最好的办法就是建立一个完全自由化的体制，并伴之以有效监管来确保竞争。作为一种过渡措施，政府可以采用自动定价机制。但是，并不能依靠该机制来解决问题。许多国家已经放弃使用此类机制，或者放弃实施补贴改革，特别是在国际油价飙升的时候。例如，加纳于2002年1月采用了一套自动定价机制，但是仅实施一年就放弃了。由于价格不充分传导导致的财政负担激增使得该国又于2005年2月重启该机制，但是又在2008年初由于国际油价飙升而被弃用，并在当年5—11月实行固定价格。同样，印度尼西亚于2005年启动补贴改革，目的是消除补贴，使国内价格完全传导国际价格的变化。但是，这一政策在2007年年底被弃用。这两个国家都实施价格管制，同时又推行自动定价机制，却不得不在国际油价上涨时面临价格完全传导的难题。与此相一致，印度尼西亚在 2006 年年底实现价格传导的中值超过 100%，但随后大幅下降。

自动价格调整机制的脆弱性反映出政府传递价格的意愿，如果它们认为国际价格上涨是暂时的，就不会进行完全传导。但是，如果价格的上涨是永久性的，这种"观望"态度就会导致补贴增加，最终会使国内燃油价格大幅上涨。由于公众更为关心价格的大幅上涨，因此改革的难度势必会加大，而补贴会变得更加必不可少。如何使自动价格调整更具吸引力，关键是要包含平滑机制。这些平滑原则包括：在短期内减少零售价格波动的幅度，特别是与完全传导相比；确保在中期内实现价格波动的完全传导；如果国际价格上涨是持续性的，就要避免长时间设置固定价格，因为这会最终导致零售价格大幅度上涨。

如果缺少平滑原则，随着压力的上升，会导致燃料税率的变化，从而避免能源价格的大幅波动。即使不考虑区分价格短暂上涨和永久上涨的难度，这一问题仍然异常复杂。像增值税这样的从价税（根据价格计算税额），实际上是放大了基准燃料价格波动对最终价格的影响：例如，如果增值税率是 20%，基准燃料价格上涨 1 美元，实际燃料价格就要上涨 1.2 美元。这种放大效应是否恰当，现在还不清楚。专栏 6-1 对此进行了详细描述，并给出了一种恰当的应对——同样，在不考虑环境影响的前提下——为了应对石油价格的永久上涨，要对燃油税进行调整，这样全部税收就作为燃油价格的一部分，但是以每加仑的货币形式上涨。

专栏 6-1   **税率如何随着油价变化而变化？**

为了理解专栏中所提战略的逻辑，首先假设是为了应对油价的上涨，将税收保持恒定，按照每个单位一定的货币量征收（这意味着减少任何从价税的因素）。在这种情况下，价格上涨导致需求下降，税收也随之减少。但是，这并不是最理想的情况，为了弥补税收损失，至少是部分地弥补，意味着要对所有商品增税——包括燃油。因此，理想状态下的应对方式包括提高每单位税基的货币量。

但是增加如此大的货币量同时保持其在油价中所占的比例不变，这能实现吗？显然不能，因为税收收入会增加（如果是合理的，那么需求弹性会小于整体）——同样如果原来的税率被认为是合适的，这也不是最优的情况。因此，税收的增长应该小于这一增量。

如果考虑到环境因素，问题是油价变化引发的总需求变化是否会对石油造成的环境危害产生较大影响？在许多情况下并不会产生影响，因此，也就不需要做出任何改变。

Source：Authors.

6.5.3 提高透明度

燃油补贴通常难以衡量和评估，部分是由于定义和测量的问题。在某些情况下，燃油补贴根本不会出现在财政账户下，使得对它们更加难以追踪、量化和评估。即使它们出现在财政账户里，也可以隐藏在更大范围的汇总下。由于难以确认石油产品的补贴成本，以及它们创造的赢家和输家，从而也就难以进行合理的评估，因此，也就难以推进改革。

燃油补贴应该在政府账户下公开记录。它应该体现在预算中，并得以明确认定。预算外补贴同样应该被认定和记录在单独的账户里。这就要求完善预算分类体系。国际石油公司或国内石油公司提供给消费者的非财政性补贴，也应该明确界定并在预算文件中进行描述。

对于石油输出国而言，透明度尤为重要，因为这是未采用国际价格而放弃的收入，也就是燃油补贴的机会成本。在预算中明确燃油补贴的石油生产国包括印尼、伊朗、马来西亚、苏丹和也门。一些国家制定了专门的补贴报告体系，用于提高公众的认知程度。

6.6　发达经济体的财政资金流动（和其他影响）

有时会被忽略的一个问题是发展中经济体可以从国外吸引资金，用于资助减缓和其他与气候变化相关的行动。目前有三种潜在的资金

来源：

• 首先，制定一个全球性的总量控制和交易机制，向发展中国家分配充足的排放权，使它们成为净出售国。

• 其次，（第7章将涉及），在哥本哈根协议下，发达经济体承诺向发展中经济体提供援助，在"实际延缓气候变化举措"背景下提供适应和减缓的资金。这意味着发展中经济体必须采取相应措施。

• 最后，潜在来源即补偿计划——出现在《京都议定书》中，毫无疑问将会被纳入其他和后续协议中——发达国家的公有和私人企业都将面临约束性的减排承诺，它们可以通过在发展中经济体投资项目来部分实现减排目标，只要这些项目能够促进所在地的减排行动。这一计划的首要工具就是清洁发展机制（CDM），当然还有其他项目，包括自愿计划等。这些计划之所以能激发投资者的兴趣，在于发展中经济体的减排成本要远低于发达经济体。考虑到发电站中经济体使用的相对肮脏的技术和发达经济体日益加大的减排难度，那么随着减排的要求越来越高，这些计划将成为潜在资金来源。

这些项目能够为发展中国家带来资金，当然这些资金在某种程度上，会被减缓的成本所抵消。当政府去运作减排项目时也能产生一笔直接的收入。资金还可以来自私营企业上缴的税收，因为此类项目的各环节都需要纳税。后者引发了一些具体问题，即所在国应如何从税收角度对待这些项目——例如，对额度的交易应用增值税或印花税，对这些项目产生的利润该如何课税。实际操作中各有不同：有些国家对此类项目提供税收优惠，而其他国家则没有。但是政策的指向还是清楚的：除非这些项目会给本地造成上述提到的外部性问题，否则没有必要在征税上将其特殊对待。

截止到目前，清洁发展机制募集的资金仍然相对有限，且主要流向几个大的发展中经济体。从很大程度上讲，这反映出CDM流程公认的局限性，包括较高的交易成本——用于验证新增的减排（即如果没有利用该资金支持的项目，就不会产生的减排）。如何举出反证对于补偿项目来说是个难题：如果不存在此类项目会发生什么？这也正是为什么CDM没有将可避免的森林砍伐纳入其中的关键原因。反证的问题使补偿计划作为一种高效的减缓措施充满不确定性。补偿计划的现实意义只是在于能够为发展中经济体提供一些潜在福利收益。随着CDM流程在未来变得更加顺畅、覆盖更广——有必要提高其认知度——正如其被寄予厚望的那样，补偿计划能够为发展中国家带来的机遇将会越来越多。

但是，上述没有提到的是低收入石油输出国采取的激进碳定价会产生的潜在负面影响。通过减少需求进而使全球油价走低，这些政策也会减少这些国家可能享受到的资源红利。但是，人们现在并没有意识到这个问题，更不用说讨论减少这种影响的办法了。

6.7　结论

考虑到低排放发展中经济体对于气候谈判的重要性，令人惊讶的是，却鲜有人关注这些经济体应遵循何种减排政策。

本章的分析强调，这些经济体自身的排放只占到全球排放的一小部分（至少对于二氧化碳是如此）——这也与它们的低收入水平有关——对这些国家的减排要求应远低于发达经济体。但是（除了政治上的考量，即希望通过减缓行动从发达经济体获得气候融资），将这些国家纳入气候变化框架是必要的，既能够避免它们破坏其他地方的减排努力，也能使其利用一些最为低廉的减排机会。特别是后者，能够成为这些国家可利用的额外资金来源。这些国家减排政策产生的一个相对次要的结果是，提高对本国能源和化石燃料征税体系的关注。在许多情况下，除了带给全世界的气候收益外，这一税收体系还能够为本国带来巨大收益。

附录：附表和图

| 表 6A-1 | | 国家收入分类 | | |

高收入国家或地区		中高收入国家 或地区	中低收入国家 或地区	低收入国家 或地区
OECD 成员	非 OECD 成员			
澳大利亚	安多拉	阿尔巴尼亚	安哥拉	阿富汗
奥地利	安道尔	阿尔及利亚	亚美尼亚	孟加拉
比利时	阿鲁巴岛	美属萨摩亚	伯利兹	贝宁
加拿大	巴哈马	安提瓜和巴布达	不丹	布基纳法索
捷克共和国	巴林	阿根廷	玻利维亚	布隆迪
丹麦	巴巴多斯	阿塞拜疆	喀麦隆	柬埔寨
爱沙尼亚	百慕大群岛	白俄罗斯	佛得角	中非共和国
芬兰	文莱达鲁萨兰	波黑共和国	刚果（布）	乍得
法国	开曼群岛	博茨瓦纳	科特迪瓦	科摩罗伊斯兰 联邦共和国
德国	海峡群岛	巴西	吉布提	刚果（金）
卢森堡	中国香港	厄瓜多尔	印度	吉尔吉斯 共和国
波兰	中国澳门	牙买加	科索沃	马里
希腊	克罗地亚	保加利亚	埃及	厄立特尼亚
匈牙利	库拉索岛	智利	萨尔瓦多	匈牙利
冰岛	匈牙利	中国	斐济	冈比亚
爱尔兰	赤道几内亚	哥伦比亚	格鲁吉亚	几内亚
以色列	法罗群岛	哥斯达黎加	加纳	几内亚比绍
意大利	法属波利尼西亚	古巴	危地马拉	海地

续表

高收入国家或地区		中高收入国家或地区	中低收入国家或地区	低收入国家或地区
OECD成员	非OECD成员			
日本	直布罗陀	多米尼加	圭亚那	肯尼亚
韩国	格林兰岛	多米尼加共和国	洪都拉斯	朝鲜
荷兰	关岛	加蓬	印度尼西亚	利比里亚
新西兰	马恩岛	格林纳达	伊拉克	马达加斯加
挪威	科威特	伊朗伊斯兰共和国	基里巴斯共和国	马拉维
葡萄牙	列支敦士登	约旦	老挝	莫桑比克
斯洛伐克共和国	马耳他	哈萨克斯坦	莱索托王国	缅甸
斯洛文尼亚	摩纳哥	拉脱维亚	马绍尔群岛	尼泊尔
西班牙	新喀里多尼亚	黎巴嫩	毛里塔尼亚	尼日尔
瑞典	北马里亚纳群岛	利比亚	密克罗尼西亚联邦	卢旺达
瑞士	阿曼	立陶宛	摩尔多瓦	塞拉利昂
英国	波多黎各	马其顿共和国	蒙古	索马里
美国	卡塔尔	马来西亚	摩洛哥	塔吉克斯坦
	圣马力诺	马尔代夫	尼加拉瓜	坦桑尼亚
	沙特阿拉伯	毛里求斯	尼日利亚	多哥
	新加坡	马约特岛	巴基斯坦	乌干达
	荷属圣马丁			
	圣马丁（法属）	墨西哥	巴布亚新几内亚	津巴布韦
	特立尼达和多巴哥	黑山共和国	巴拉圭共和国	
	特克斯和凯科斯群岛	纳米比亚	菲律宾	

续表

高收入国家或地区		中高收入国家 或地区	中低收入国家 或地区	低收入国家 或地区
OECD 成员	非 OECD 成员			
	阿拉伯联合酋 长国	帕劳	萨摩亚	
	维尔京群岛（英属）	巴拿马	圣多美和普林 西比	
		秘鲁	塞内加尔	
		罗马尼亚	所罗门群岛	
		俄罗斯	斯里兰卡	
		塞尔维亚共和国	苏丹	
		塞舌尔	斯威士兰王国	
		南非	阿拉伯叙利亚 共和国	
		圣克里斯多福及 尼维斯	东帝汶民主 共和国	
		圣卢西亚	汤加	
		圣文森特和格林 纳丁斯	土库曼斯坦	
		苏里南共和国	图瓦卢	
		泰国	乌克兰	
		突尼斯	乌兹别克斯坦	
		土耳其	瓦努阿图	
		乌拉圭	越南	
		委内瑞拉	约旦河西岸和 加沙地区	
			也门共和国	
			赞比亚	

Source: WorldBank. (http://data.worldbank.org/about/country- clasifications/coun-try-and-lending-groups).

注：OECD=经济合作与发展组织。

表 6A-2　　　　　　　　1980—2008 年能源来源分布

	1980	1990	2000	2008	变化率（%）1980—2008*
来自石油的能源					
世界	46.1	39.1	39.2	34.7	−11.4
高收入国家或地区	48.3	42.5	41.9	40.1	−8.3
中高收入国家或地区	41.2	32.6	34.0	27.1	−14.1
中低收入国家或地区	56.1	49.4	38.8	35.3	−20.8
低收入国家或地区	27.2	26.6	32.9	32.7	5.6
来自煤炭的能源					
世界	24.8	25.7	23.2	28.2	3.4
高收入国家或地区	21.3	21.5	18.8	18.3	−3.1
中高收入国家或地区	30.7	31.7	30.7	41.4	10.7
中低收入国家或地区	24.2	26.5	26.8	29.9	5.7
低收入国家或地区	52.4	49.7	30.1	23.1	−29.3
来自天然气的能源					
世界	19.1	22.2	23.3	22.5	3.3
高收入国家或地区	18.6	20.3	22.4	23.8	5.1
中高收入国家或地区	21.6	26.7	25.2	20.5	−1.0
中低收入国家或地区	8.6	14.4	23.8	22.6	14.0
低收入国家或地区	3.1	7.6	16.5	23.1	20.0
来自其他来源的能源（核能、可再生能源等）					
世界	10.0	12.9	14.3	14.7	4.7
高收入国家或地区	11.7	15.7	16.9	17.9	6.2
中高收入国家或地区	6.5	9.0	10.1	10.9	4.4
中低收入国家或地区	11.1	9.7	10.7	12.1	1.1
低收入国家或地区	17.4	16.2	20.4	21.1	3.7

数据来源：美国能源信息局（http://www.cia.gov/countries/data.cfm）及笔者评估。
*平均消耗量的百分比及百分点变化。

表6A－3　　　　　　　1998—2010年未权重汽油均价

	1998	2002	2006	2010
所有国家或地区	0.40	0.46	0.86	1.23
高收入国家或地区	0.57	0.63	1.04	1.46
中等收入国家或地区	0.30	0.38	0.75	1.12
中低收入国家或地区	0.29	0.34	0.74	1.08
低收入国家或地区	0.43	0.48	0.91	1.26
石油出口国或地区	0.31	0.37	0.66	0.94
高收入国家或地区	0.37	0.44	0.65	0.90
中等收入国家或地区	0.26	0.30	0.53	0.82
中低收入国家或地区	0.25	0.27	0.60	0.91
低收入国家或地区	0.34	0.45	0.87	1.11
非石油出口国或地区	0.43	0.50	0.95	1.36
高收入国家或地区	0.64	0.69	1.17	1.64
中等收入国家或地区	0.34	0.45	0.89	1.31
中低收入国家或地区	0.31	0.39	0.82	1.19
低收入国家或地区	0.45	0.49	0.92	1.30
备忘录条款或地区				
原油价格或地区	13.0	25.0	64.9	79.5
美元/桶或地区				
美元/升或地区	0.08	0.16	0.41	0.50
汽油价格（美元/升）				
美国加价	0.12	0.23	0.61	0.75
最小欧盟加价	0.24	0.45	1.18	1.44

Source:GIZ.

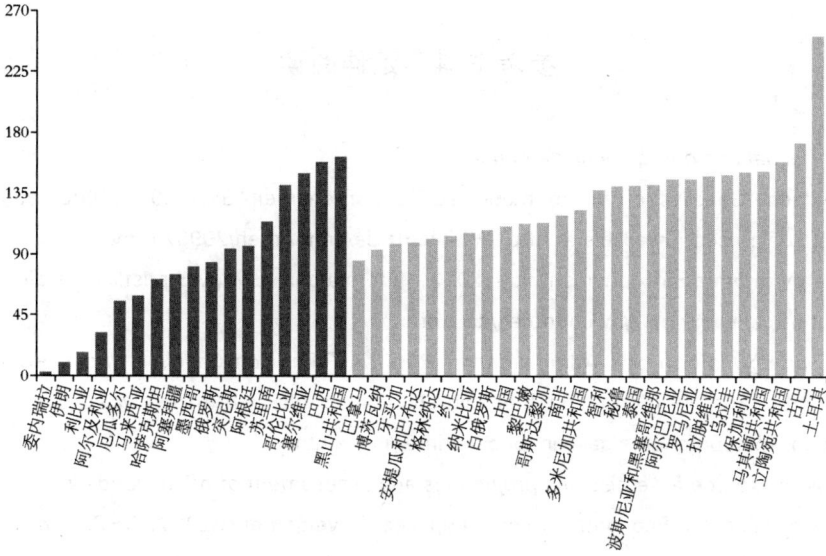

图 6A-1　2010年12月中等收入国家或地区的汽油价格

（美国以每升/美分计，深色为石油）

Source：GIZ (http://www.gtz.de/en/themen/29957.htm)

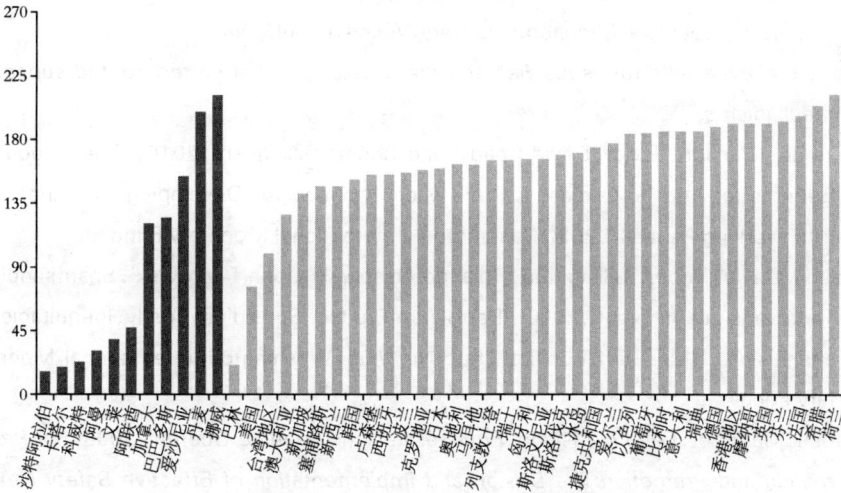

图 6A-2　2010年12月高收入国家或地区的汽油价格

（美国以每升/美分计，深色为石油）

Source：GIZ (http://www.gtz.de/en/themen/29957.htm).

参考资料和延伸阅读

Useful data on energy prices and use are in：

Deutsche Gesellschaft für Internationale Zusammenarbeit(GIZ),2012,"International-al Fuel Prices,"available at http://www.gtz.de/en/themen/29957.htm.

Energy Information Administration,2012,"International Energy Statistics,"available at http://www.eia.gov/countries/data/cfm.

U.S.Energy Information Administration,2008,*A Primer on Gasoline Prices*(Wash-ington：Energy Information Administration).Available at http://www.eia.doe.gov/bookshelf/brochures/gasolinepricesprimer/index.html.

A useful source for emissions projections and assessment of other trends is：

Organisation for Economic Cooperation and Development,2011,*OECD Environ-mental Outlook to 2050*(Paris：OECD).

That global officiency does not require uniform carbon taxes in the absence of inter-national transfers is shown in：

Chichilnisky,G.,and G.Heal,1994,"Who Should Abate Carbon Emissions?An Inter-national Perspective,"*Economic Letters*,Vol.44,pp.443-449.

For experience with fuel subsidies and the development of bettertargeted support mechanisms：

Arze del Granado,Javier,David Coady,and Robert Gillingham,2010,"The Unequal Benefits iof Fuel Subsidies：A Review of Evidence for Developing Countries,"IMF Working Paper 10/202(Washington：International Monetary Fund).

Coady,David,Robert Gillingham,Rolando Ossowski,John Piotrowski,Shamsuddin Tareq,and Justin Tyson,2010,"Petroleum Product Subsidies：Costly,Inequitable,and Rising,"IMF Staff Position Note No.1//05(Washington：International Mone-tary Fund).

Grosh,Margarer,Carlo del Ninno,Emil Teslius,and Azedine Ouerghi,2008,*For Pro-tection and Promotion:The Design and Implementation of Effective Safety Nets*(Washington:World Bank).

IMF,2008a,"Food and Fuel Prices—Recent Developments, Macroeconomic Im-pact,and Policy Responses"(Washington：International Monetary Fund).Avaiable at www.imf.org/external/np/exr/foodfuel/index.htm.

——, 2008b, "Fuel and Food Price Subsidies: Issues and Reform Options"(Washington: International Monetary Fund).Available at www.imf.org/external/pp/longres.aspx?id=4293.

On how to assess proper levels of fuel taxation, with application, see the following:

Parry, Ian, and Kenneth Small, 2005, "Does Britain or the United States Have the Rigth Gasoline Tax?" *American Economic Review*, Vol.95(September), pp.1276–1289.

For a framework for thinking about tax design to address local pollution, carbon, and notor vehicle externalities, with rough calculations of the relevant externalities(including in some developing countries):

Parry, Ian, John Norregaard, and Dirk Heine, forthcoming, "Environmental Tax Reform: Principles from Theory and Practice," *Annual Review of Resource Economics.*

There are relatively few studies of carbon pricing design and impact outside more advanced economies.Important exceptions—the first a very early analysis focused on Pakistan and including assessment of the impact on local externalities, the second stressing the importance of labor market distortions—are:

Shah, Anwar, and Bjorn Larsen, 1992, "Carbon Taxes, the Greenhouse Effect, and Developing Countries," Policy Research Working Paper WPS 957(Washington: World Bank).

Devarajan, Shantayanan, Delfin Go, Sherman Robinson, and Karen Thierfelder, 2009, "Tax Policy to Reduce carbon Emissions in South Africa," Policy Research Working Paper 4933(Washington: World Bank).

For general issues in VAT design and implementation:

Ebrill, Liam, Michael Keen, Jean-Paul Bodin, and Victoria Summers, 2001, *The Modern VAT*(Washington: International Monetary Fund).

第7章

气候融资的财政工具

鲁德·德穆伊　迈克尔·基恩

国际货币基金组织财政事务部

决策者所需的关键信息

- 发达国家承诺，从 2020 年起每年提供 1 000 亿美元，为发展中经济体减缓和适应气候变化提供融资。本章将探讨财政工具在提供"气候融资"方面的作用。

- 将公共资金用于气候融资不需要从某一特定税种中分配收入，也不需要出台某种"创新性"税种。同样，也不需要增加额外的发展援助，或者找到最高效的资金利用方式。

- 随着发达国家税基的扩大，"传统"税收，比如增值税或个人所得税可以被用于筹集额外的融资（或削减开支），但是这也能轻易地被作为一种普遍的额外税。

- 尽管如此，重点还是在于明确与气候融资直接相关的新的资金来源。

- 在这些新的来源中，较为重要的是通过综合碳定价机制获得的收入，这一机制也有助于发挥气候融资中私人部门的作用。作为主要的融资来源，其已经成为解决气候问题的主要措施。但正是碳定价所带来的减缓收益，使其有可能成为一项特别高效的收入来源。

- 另一种比较有前景又能减排的方法是在发达经济体中取消对化石燃料的补贴。

- 对国际航空和海事活动征收的燃料费也能够成为一项特别有吸引力的潜在融资渠道，目前尚未对这些排放源征收税费，也没有对排放进行限制，且这些活动本身是没有边界的。需要明确此类收费不会对发展中经济体产生负面影响，同样重要的是获得足够广泛的参与，从而使税费的征收成为可能。

2009 年和 2010 年分别在哥本哈根和坎昆举行的联合国气候大会中，发达国家集体承诺为发展中国家适应和减缓气候变化提供融资。从 2010—2012 年，承诺金额接近 300 亿美元（快速启动资金），并在 2020 年将此金额提高到 1 000 亿美元①。在坎昆大会上，各国政府还决定建立"绿色气候基金"，用于支持发展中国家实施气候变化减缓和适应项目②。

然而，对于资金的来源协议中并没有做出明确的阐述。就此，联合国秘书长气候变化融资高级别咨询小组（AGF）于 2010 年 12 月公布了 2020 年后主要的气候融资来源。咨询小组认为实现既定的目标虽面临挑战但仍切实可行，所需的资金既来自公有部门和私营部门，也包括双边和多边渠道，以及一系列的工具。基于此，在 2011 年 10 月，世界银行联合国际货币基金组织以及其他组织，为应对 20 国集团财政部长的要求，对这一问题进行了进一步研究③。

然而，现在的问题依然是各国政府将如何实现它们的集体承诺。其中一个突出的问题是，如何保持公共融资和私人融资之间的平衡。尽管这主要是一项政治决定，但为实现这些承诺，仍需要各发达经济体动用本国的一些公共资金。这也正是本章要讨论的气候融资问题：公共资金如何能够

---

① 承诺提高快速启动资金的国家包括欧盟 27 国、澳大利亚、加拿大、冰岛、日本、列支敦士登、新西兰、挪威、瑞士和美国。

② "绿色气候基金"（GCF）的目的是向气候融资提供资金，而非募集资金；因此 GCF 并不等同于一般意义上的气候融资概念。在 2011 年的德班会议上，各国同意 GCF 成为联合国的组成部分，在未来 3 年世界银行将作为基金的过渡托管人。

③ 20 国集团包括：阿根廷、澳大利亚、巴西、加拿大、中国、欧盟、法国、德国、印度、印度尼西亚、日本、意大利、墨西哥、韩国、俄罗斯、沙特阿拉伯、南非、土耳其、英国和美国。

为各国在 1 000 亿美元承诺中的份额做出贡献？这 1 000 亿美元占到发达经济体全部 GDP 的 0.25%，即使是实现承诺金额的 40%，也要占到全部 GDP 的 0.1%。虽然这看起来不多，但会占到这些国家当前所有海外开发援助的一半。此外，当前许多发达经济体面临的公共财政困难，将会放大实现这一目标的难度。为了克服这些困难，AGF 和 20 国集团的报告对"创新性融资来源"给予了特别关注，即新的税收工具有望产生所需的资金。

面对利用公共资金进行气候融资问题上的持续争议，本章主要基于 2011 年 10 月向 20 国集团提交的背景报告。首先介绍气候融资的基本原理，接下来讨论在此背景下财政政策的作用。随后的两个章节讨论传统的国内税源和一些"创新性"融资来源。最后，我们会考虑一些潜在的融资来源：对国际航空和海事活动使用的燃料收费。

7.1　为什么要进行气候融资？

从发达国家向发展中国家转移资金可以提高公平性和效率，从而有助于解决气候变化带来的集体挑战。

从道德意义上讲，这种转移在气候变化的背景下显然更为重要。过去，导致大气中温室气体浓度提高的排放主要源自发达经济体。气候融资可视为发达国家对发展中国家（当前和未来）造成的危害的一种补偿，因为发展中国家需要为适应并控制气候变化造成的危害付出高昂的代价（根据世界银行的估计，到 21 世纪中叶大概需要 900 亿美元），并面对巨大的残留损害。

这种转移也有助于促进国际合作，而国际合作对于获得有效的成果至关重要。

如果有些国家不参与减排，那么转移政策也不会起太大的作用。例如，如果碳定价政策只被应用于少数国家，那么从某种程度上，无论是碳密集型活动的转移，还是受到参与国碳定价影响而下降的化石燃料价格，都会使减排的成果被未参与国家增加的排放量所抵消（Sinn，2012）。发展中国家和新兴经济体的减排——主要是中国和印度——尤其重要，因为这些国家的排放量将占到未来新增排放量中的大部分，此外，这些国家还会发明许多低成本的减排方式。如果不能充分利用这些机会，将导致明显的低效率，并使减排目标的实现代价变得更为高昂。

但是，发展中国家理所当然地会考虑，承担减缓和适应气候变化的成本将影响本国经济增长。通过将气候行动资金提供方和实施方相分离，从发达国家流向发展中国家的气候资金就能够在鼓励后者参与全球行动中发挥重要作用。这些资金便能够兼顾经济效率和公平。

7.2 财政工具的作用

在气候融资方面，财政工具主要发挥两方面作用：一是激励私营部门参与气候融资；二是将公共资金向发展中国家转移。

7.2.1 促进私营部门参与融资

全球资本市场的主要规模和覆盖范围，以及许多发展中经济体面临的财政挑战，都说明从长期来看，为稳定气候变化所需的资金流主要还是来自私营部门。运用适当的激励政策，私营部门将在寻求和实施成本最低的减缓和适应气候变化行动中发挥重要作用。而创造这些激励最有力且与减缓行动密切相关的办法，就是在发达国家建立强大且可靠的碳定价机制——同时在其他地方使用类似的定价工具（从技术上讲应优先考虑），或者同时利用国际补偿条款，即允许发达国家的企业在发展中国家实施减排，用以替代碳税或购买排放额度。这些举措都会发出合理的价格信号，以引导私人资本对包含发展中国家在内、但不限于此的减缓活动和低碳项目进行投资。

7.2.2 公共融资

通过将公共资金从发达国家转移到发展中国家，公共气候融资产生的问题类似于发展援助问题：（1）如何确保所需的资金是现有资源难以满足的？（2）资金负担在发达国家之间应如何分配？

"额外性"是指在现有资金规模上，从发达国家流向发展中国家的新增资金——而不是替代原有资金。但是，要使额外性发挥作用无论在政治上还是分析方法上都是极为困难的。其中一个原因是适应气候变化的需求通常与广义上的发展问题类似：研发更抗旱的庄稼、加强社会支持体系建设或传播适应性的好处，但是这些收益在没有气候变化的条件下同样存在。类似的难题还出现在如何定义"更大的（greater）"一词：例如，其他形式的援助也许不会下降，但只是不像在原有情况下增长得那么迅速。重要的是，将"创新性"作为衡量额外性的一个指标，也许是很自然的事，但是一项收入来源的新奇性并不能从根本上解决这一难题。

在资金利用上，各国有可能就资金负担的分配达成一致，而不考虑资金的来源。例如，一个国家所占的比重可以基于其国民生产总值（GNP）或国内生产总值（GDP），体现出它们"支付的能力"，或者是基于其人口规模，体现出每个人对大气享有的平等权利。或者结合其他因素——基于现在或过去排放的温室气体，体现出"支付的责任"。如果能够就这套原则达成一致，那么需要筹集的资金就可以简单地来自各国最为偏好的税种，将气候融资的资金与其来源相分离。将筹集资金的任务留待各国政府处理，是实现气候融资最高效的方式。

另外一种办法是各国同意采用一些特殊的税收工具，把从课税中获得的收入全部地用于气候融资①。例如，把增值税的附加费或者个人和企业所得税的附加费用于气候融资，或者将碳税中的部分收入用于此方面。按照这种方式，由于缺少进一步的调整，如果按照各国的税基进行分配，那么将很难决定各国的负担。由于各国的税基差别很大，但是普遍的做法是，即使是一项简单的附加费也会比听起来复杂得多。此外，在许多国家，提高附加税费的税率并不是增加额外收入最有效的办法，更为可行的的方法是扩大税基。

为气候融资提供的拨款通常会遭到公共财政专业人士的抵制，常用的反对理由是如果限制了支出方向可能会使支出缺乏弹性，但如果不对支出方向设限，支出便是毫无意义的（且会误导）。尽管如此，这些反对声音在气候融资的背景下说服力并不强，因为气候融资有着明确的资金用途。

---

① 当然，另一种可能是发达经济体减少其他支出，从而向气候融资提供更多资金。

此外，直接拨付可以克服对征收新费用的抵制，但在能否明确税收分配对于其他国家获得公众支持这一点上并不明显。到目前为止，这种指定用途的财政拨款在这一领域的政策讨论中占据主导地位，在本章的其他章节，我们将关注于其他的工具。

7.3 "传统的"税收资源

"传统的"税收资源——意味着基于现有的税收工具——是否会成为发达经济体为气候融资提供额外资金最合适的方法呢？为了找到最好的税源，需要对税种的公平性、效率和实施的难易程度进行常规的标准评价。所有税种都会产生行政和征收成本，都会影响到收入分配并扭曲（如投资、就业或消费选择）行为。尽管对这些原则普遍达成一致，但是对于税种的设计如何能在这些原则之间实现平衡却丝毫没有形成一致意见。但是，发达国家的实践可以为税收改革提供有价值的方向，在接下来将会提到。如欲详细了解某些国家的做法以及这些方法产生的潜在税收，参见IMF（2010a）。

7.3.1 增值税

增值税被认为是相对最有效的税收来源之一，相比其他税种造成的扭曲，成本要低得多。除了沙特阿拉伯和美国，几乎所有的发达经济体都采用增值税，其产生的税收收入平均占到一国GDP的5%。但是，在许多国家，税收豁免和过多的税率设置降低了增值税的效用。通过改变产品和服务的相对价格，这些措施能够改变消费模式（在某种情况下，也能改变生产模式），并产生少量的公平收益，而这些收益是发达国家其他更为直接的税收工具所不能实现的（例如，社会收益和所得税抵免）。此外，增值税还会增加行政和税收执行的成本。但是，增值税还有很大的提升空间，如减少豁免、取消低税率，或两者同时使用，或者采取措施解决负面的分配效应。在许多国家，还存在着一种可观的"合规缺口"——即由于各种不合规行为导致的税收损失，说明通过加强征管将增加大量税收，并提高税收系统的公平性。在那些增值税率较低的国家，如日本，提高增值税率能够增加税收。而在没有增值税的国家，引入增值税将能够显著提高税收收入。

7.3.2 企业所得税

企业所得税（CIT）难以产生额外的税收收入。在过去数十年间，国际税收竞赛在不断加剧，并导致法定企业所得税税率的明显降低。与此同时，许多国家通过调整税收折旧规则、限制抵扣（例如，利息支付）等措施来扩大税基。在一些国家还存在扩大税基的空间，如减少税收折旧额度或废除一些特定的投资许可，但是能从中增加的税收仍然非常微薄。也许国际合作有助于增加企业所得税收入，但关于这一点仍存在争议（如关于税收主权的敏感性话题，有观点认为税收竞争能够规范政府的征税行为），在实践中也遥遥无期。

7.3.3 个人所得税

个人所得税（PIT）被普遍视为是为了实现公平目标（因为平均税率可以随着收入水平而提高），在一些发达国家还能在不提高税率的同时增加税收收入。但是，较高的个税边际税率会对实际活动和申报产生负面激励作用。例如，个税对主要劳动力的供给会产生激励作用，但是对次要劳动力（主要是已婚女性）是否决定工作的影响是巨大的。此外，对低收入劳动者适用较高的税率会造成劳动力市场的扭曲，将技能较低的劳动者逐出正式的劳动力市场。还有大量证据表明，较高的个税税率会导致避税和逃税行为，特别是高收入个体。尽管如此，这些理由并不能成为对所有人群适用较低个税税率的理由，例如，可预见的（除了对最低收入者）许多"平头税"的提议，与累进税结构不同，是将随收入增加而提高的税率与特定的可退税额度相结合，以实现特殊的激励或解决公平问题。但是由于缺少在征税上对高收入人群的国际合作，这些人在不同国家之间的流动和财富转移，使得任何国家单独对这一群体课税都变得更为困难，提高最高边际税率的空间也变得十分有限。即使有些国家能够从个税中增加额外的收入，但也需要扩大税基和税收简化，如减少抵扣和豁免。在美国，税收支出（指国家通过减少纳税人的纳税义务而放弃或减少的财政收入，译者注）的财政成本超过 GDP 的 7.5%（不能假定所有的税收支出都是无用的）①。相反，英国就成功取消了抵押贷款的税收减免。

7.3.4 财产税

在许多国家，周期性的财产税是增加税收的重要来源之一。在许多发达经济体，财产税赢得了效率和公平的美誉：对经济增长的影响有限且主要由富人承担。目前，财产税占到加拿大、英国和美国GDP的3%，但是在其他发达国家还不到1%。这意味着财产税还有巨大的开发潜力，但是实现起来却要克服一些实践中的障碍，如行政层面的复杂性且不受欢迎，无疑只能部分反映其透明度。尽管如此，在许多国家，财产税有望成为重要且相对高效的税收增长来源。

7.3.5 总结

从多种传统的税种中仍然有增加税收收入的空间。但是每个国家处理此类问题的方法不尽相同，更常用的是扩大税基，而不是简单地提高税率。同样，考虑到税基面之广，在某些税基之上增收附加费，如在所有国家以同样的税率增收个税附加费，就不太可能产生一种适用于负担分摊的税收模式，也不太可能找到国内税收改革的最佳方式②。如果（在争论中大多语焉不详）目的不只是向公众展示气候融资和某些税收工具之间的清晰联系，还要采用一种在发达国家中基本相同的税种，那么把从传统税种中获得的新增收入用于气候融资也许并不是最好的办法。

7.4 创新融资渠道

有很多税收资源可以被称为是"创新的"。例如，阿特金森（2003）提出了多种新颖的发展基金资源，包括全球彩票，创立新的特别提款权，对汇款收费以及溢价债券。这里主要讨论三种新颖度各异的资源：碳定价、取消化石燃料补贴和对金融部门征税。

---

① 美国财政责任和改革委员会（2010）。

② 当然，有的国家可以简单地征收这种附加费，作为一个信号表明在为气候融资做贡献，但是最终提供的资金可能没有那么多——因为这很难实现透明。

7.4.1 碳定价

综合性碳定价政策，例如碳税或实行100%的碳排放权拍卖交易，成为最被看好的气候融资选择。本书第一、二和八章分别讨论了这些政策以及细节上的设计。但是，这些章节主要将碳定价政策作为一种有效减缓气候变化、增加财政收入的工具。的确，碳定价在减排上要比监管工具更为有效，能够为清洁技术的发展、形成全球碳市场提供激励。此外，正如我们此前讨论的，碳定价对激发私人资本参与气候融资至关重要。

但是，在气候融资的背景下，碳定价同样也能成为公共税收的一种特殊来源。例如，如果发达国家每吨二氧化碳的价格设定为25美元，到2020年就能获得2 500亿美元的收入。当然，将从碳定价中获得的收入并不一定要用于气候融资，也许会被纳入国家预算。有一点显而易见却又常被忘记，那就是从碳定价中获得收入只能使用一次。例如，对碳定价的一种普遍关切就是，其对低收入家庭和/或某个特殊行业竞争力的影响；解决这种关切的一种选择就是降低其他税种的税率或增加社会福利对某些群体进行补偿，但是这种补偿也会减少从碳定价中获得的净收入。另一个关点是税收体系造成的经济扭曲。为了将扭曲最小化，普遍的做法是使用从碳定价中获得的收入，以减少其他会对工作或投资产生扭曲的税收（见第2章），这同样会减少潜在被用于气候融资的净收入。即使将上述提到的碳定价收入的十分之一用于气候融资，就能够实现1 000亿美元融资承诺的1/4。

7.4.2 取消化石燃料补贴

许多国家对化石燃料的生产或消费进行补贴。作为气候融资的一项税收来源，削减发达国家的化石燃料补贴会引发特别关注。根据经合组织最新的一项研究估计，2005—2010年发达国家的化石燃料补贴每年高达400～600亿美元。这些补贴——其中过半是用于补贴石油，剩下不到一半用于补贴煤炭和天然气（2010年），补贴的形式包括直接转移支付、可选择的税收减免，以及其他能够影响成本或价格的市场干预措施。在2009年的匹兹堡峰会上，20国集团的领导人承诺在中期内逐步取消对化石燃料的补贴。

取消这些补贴所获得的收入（以及改善环境）是巨大的。与传统工具一样，尽管在取消补贴与提供气候融资之间建立联系不仅意义重大且公开透明（如果关于这一点也同样重要），但是事情远没有这么简单。

7.4.3　金融领域征税

对金融领域设立新的税种已经被要求作为一种为气候融资的方式。自 2008 年金融危机后，"银行税"——典型的如对银行的负债或资产课税——已经在几个国家推行。但是，银行所上缴的税收却相对较低，似乎不太可能实现大幅增长（这意味着气候融资的大部分资金还是依赖财政拨款）。例如，在欧洲已经有 14 个国家对银行征缴此类税收，收入约占到 GDP 的 0.1% ~ 0.2%。其他税种的设立还处于公众讨论中。其中，最知名的当属金融交易税（FTT）——对大量的金融交易价值课税，以及金融活动税（FAT）——对金融机构的工资和利润的总和课税。IMF 2010 年向 20 国集团提出的金融领域征税报告中对此进行了大量介绍和比较。广义上讲，金融交易税已然获得了政治上强有力的支持（由欧盟正式提出，预计税收收入会占到 GDP 的 0.5%），而金融活动税赢得了税收政策专家们的更多支持。例如，专家的意见倾向于认为，金融交易税会增加资金的成本，因此会对长期经济增长产生不利影响，而其真实成本会落到最终消费者而非金融领域从业者的身上。金融交易税还容易产生避税和逃税行为。相比之下，金融活动税旨在纠正因免除金融服务业增值税而造成的扭曲。因此，无论是 FTT 还是 FAT，只要采取适当程度的国际合作，在技术上都是可行的，也都能产生大量税收收入。但是，作为税收来源，二者可能难以在全球推广，这是因为由此产生的税收收入也可以流入预算，而为实现气候融资实行的负担分摊同样可以基于其他因素。

7.5　国际运输

除了上述讨论的更为综合的碳定价政策，对国际飞机和海事燃料产生的排放定价——通过碳税或带有额度拍卖的排放交易机制——也被视为气候融资的一项创新性来源。这两个行业分别占到全球二氧化碳排放量的 1.5% 和 2% ~ 3%，一些预测指出，如果不加约束的话，到 2050 年两个行业所占的份额会提高到10%~15%。但是，这两个行业被免于征收排放费且不包括在《京都议定书》的范围内，这也说明这些活动在本质上难以区分应该由哪个国家对其使用的燃料征税或进行监管。因此，需要考虑对二者征收相应费用，将上缴的费用用于某些特定的用途。

7.5.1 对这些领域的碳排放收费

从环境角度讲，当前对国际航空和海事活动征缴的税费较低，因为这些活动不同于国内交通，难以通过燃料价格反映其造成的环境损失。此外，这些领域还能获得财政体系给予的优惠政策。例如，船运的收入通常能够获得税收优惠，享受较低的船舶"吨税"而不用缴纳正常的企业税。国际客运航班也不同于一般性的消费商品，一直免于缴纳增值税。

对排放物定价被广泛视为是一种最经济高效且环境友好的工具，用于解决这些领域的气候变化问题。在国际海事组织（IMO）和国际民用航空组织（ICAO）的支持下，这两个行业正在采取重要措施，提高新飞机和新船只的燃油经济性，以及（飞行和航行）路线和速度的效率。在海运行业，2011年7月国际海事组织内部达成协议，出台了该行业首个强制性的温室气体减排计划。但是，定价工具导致的较高燃油价格仍然在发挥作用。除了这些方面的努力，它们还减少了运输需求（相对于大的趋势而言），加快了老旧且污染更大的交通工具提前退役。

这些行业设计定价机制的原则与其他行业相同。如果征收碳排放税，就意味着将免税的范围最小化，征收燃油附加环境费而非对客运机票（船票）或旅客到达和出发收费。如果采用排放交易，意味着对额度进行拍卖，从而为公共税收提供可靠来源，同时要包含限制价格波动的条款，设立相关机构以形成交易市场。

按照对每吨二氧化碳征收25美元排放费的标准，到2020年每年可以从国际航空业征收120亿美元税收、从国际海事运输中征收250亿美元税收。除了解决环境因素，如果在设定税费时还要解决上述提到的征税不足的问题，那么从这两个行业中征收的费用将更高。每吨25美元的税费预计在上述各行业将减少大约5%的二氧化碳排放，主要靠减少对燃油的需求。对发展中国家由于征收此类税费而遭受的经济损失，向它们提供补偿有助于提高其接受度,接下来将要谈到如何实现这一点。这种补偿不太可能超过此类全球税收收入的40%,这样可以为气候融资或其他用途留下220亿美元或更多的资金。

如果未能在上述领域之一实现碳排放定价,并不妨碍对另一领域进行此类尝试。尽管在本节中对两类行业一同讨论,但是它们之间的区别不只限于重要性和与财政相关的部分(例如,船舶主要载重货物,而航空公司主要服务旅客),它们还在有限范围内展开竞争。尽管如此,如果能够同时对两个行业征收碳税当然是求之不得,并且有助于形成一种普遍的收费制度(提高能效)以及对发展中国家形成统一的补偿计划。

7.5.2　国际合作

在制定和实施国际交通燃油附加费时需要开展大规模的合作,特别是海上运输,以避免逃税和竞争性扭曲行为。对改变当前国际交通燃料免税状态的担忧,源自单边税收会不同程度地损害当地旅游业和商业、降低国家承运商的竞争力、提高进口价格和/或减少对出口产品的需求。补充燃料的行为也许会出现在那些没有采取类似政策的国家,影响此类税收的增加。为了克服这些恐惧,一定程度上的国际合作是必不可少的。

在国际航空领域,即使只能达成部分覆盖——例如,对某些发展中国家的豁免条款——也会对减少全球排放和增加税收收入产生巨大影响,特别是考虑到承运企业在税率最低的国家加油的较低概率。对于船用油,全球综合性碳定价政策显得尤为重要,因为大型船舶可以轻而易举地实现避税,只要它们选择在那些没有征收此类费用的任一国家加油即可。

7.5.3　发生概率和补偿

确保发展中经济体不会受到"非净影响(no net incidence)"的重要性已经被多次强调。要实现这一点,就需要认真考虑这些费用产生的"实际"影响是什么,也就是说,谁的实际收入会因此受到损失。这一点与由谁承担法律责任而支付这笔费用有着明显区别。在这些领域,这两个群体有可能会是不同国家的居民。正是这种实实在在的影响决定了补偿的差别,它对供需的变化也十分敏感;在当前背景下,考虑到海上贸易和空运贸易所占的份额、旅游业的重要性等因素,这种影响在不同国家会有所区别。

在决定这些费用的影响时，第一步要做的就是对其对燃料价格的影响进行评估。飞机和船舶燃料的价格不会按照征收的费用同比上涨，因为部分负担会转嫁给炼油企业和/或石油产品生产商。但是，如果炼油企业能够相对容易地从生产飞机和船舶燃料转向生产其他石油产品（这是有可能的，考虑到长期重新部署炼油厂），那么炼油企业所能承担的费用则相对较少。

即使将费用全部转嫁到燃油价格上，对航空服务的最终价格和海运进口产品价格的影响，即对空中和海上承运商利润的影响，也不会太大。如对每吨二氧化碳征收 25 美元的费用，将会使机票价格上涨 2%~4%（当然，对于"一价全包"式旅游来说只占很小一部分），而对于通过海运进口的产品也只有 0.2%~0.3% 幅度的价格上涨。这种非常微弱的影响说明，无论是对于国际航空和海事服务的最终用户，还是承运商而言，需要承担的真实成本都极为低廉——特别是对于后者而言，需要逐步削减这些行业享有的燃油税优惠，而不是引入惩罚性措施。

因此，有必要向发展中国家提供明确的补偿，以确保不会产生非净影响。

在设计此类计划时会面临重大的挑战，因为在征收的费用和由此造成的经济影响之间还存在管辖权的割裂问题，特别是在海运中。切实可行的补偿计划需要对其产生的经济影响找到合适的标的物，这也是补偿的关键。燃油用量可以成为航空业征收的基础，而对贸易价值进行简单的测算可以作为海运的基础。

将征收的燃油附加费全部返还给发展中国家（或者向它们提供免费的配额），可以成为保护其免于受到此类费用负面影响的一种办法。实际上，这可不止于对其进行补偿：发展中国家会从参与此类国际安排中获得更多的益处（甚至会在接受任何气候融资之前）。这是因为在发展中国家为飞行燃料支付的费用（特别是作为游客目的地，对此产生的影响成为一种特殊的关切），大部分都由其他（更加富裕的）国家的旅客承担。

相反，将海运燃油附加费返还给发展中国家的做法，并不足以对大

部分国家提供足够的补偿。与航空运输不同，通常情况下海运公司要在
到达目的地前补充燃油。有一些国家，如新加坡这样的中转港口，所提
供的船舶燃油量要远大于其进口量，而对于一些进口国而言，只需要提
供少量或者无需提供任务船舶用油，包括内陆国家。从国际海事燃料中
征收的附加费就会被转嫁给或保留在发展中国家，这与它们在国际贸易
中所占的比例相关。尽管这种做法相对容易管理，但是需要进一步讨论
这种方式是否能够提供足够的补偿，如对那些进口较低附加值产品的国
家而言。

7.5.4　实施

在全球范围内统一征收国际航空和/或海事燃油附加费，会产生重
大的治理问题。需要建立新的框架以决定如何及何时（或根据碳排放水
平）制定和改变费率，明确缴税和付费的适当依据、如何使用征缴的费
用，以及如何监督和实施补偿计划。欧盟在税收协调领域的经验表明，
可以就此问题达成一致，但也会在税种设置和征缴中出现主权问题。一
种解决办法是，减少启动单独决策流程的需求，把国际交通领域征收的
排放费与最大规模的减排计划的平均碳价格挂钩。这时就需要发挥国际
民用航空组织和国际海事组织的作用，利用它们在这些领域的专业技术
经验来实施征缴。

根据实际操作者和国家机构对征收燃油附加费的熟悉程度，决定了以
税基的方式而非在排放交易机制下会降低征缴的成本。征收燃油附加费是
几乎所有税务机构最主要的业务之一，也是企业熟知的征缴方式，而排放
交易机制则不然。理想状况下，征税对象应被控制在最小范围内——通常
是生产过程的上游。如果无法在炼油这一层面征缴，那么可以在燃料出库
阶段征收——如从机场和港口的仓库里，或直接从空运或海运承运商
手里。

可以在一国内对政策进行监督，也可以通过国际协调或者两种形式的
联合——设立何种监督和检查的机构有赖于采取上述何种方式。例如，一
国政府应该负责征收燃油附加费或者把向航空器或船舶提供燃料的公司纳
入碳排放交易机制下。在海事部门还有一种方法，就是在没有沿线国家干

预的情况下征收费用，这种办法类似于在当前国际海事组织监督下征收的国际油污赔偿基金。

对于国际航空业，在征缴的过程中会出现法律问题：目前的燃油税豁免是基于互惠原则，建立在 ICAO 框架下的多边协定和双边航空服务协定中。需要对《芝加哥公约》及其相关决议进行修订，以减少这些阻碍，但是欧盟内部的经验似乎表明无须如此也能够克服这些障碍。另一个选择是在该领域应用排放交易系统或机制（ETS），而实际上，欧盟已经自2012年1月1日开始，将国际航空纳入到欧盟碳排放交易体系下。但是，对这一做法仍存在争议，现在已成为诉讼的对象。在国际海事燃料问题上，目前还没有出现此类法律问题。

7.6 结论

向发展中国家提供与气候相关的转移支付，不仅能够实现公平，而且通过实现低成本的减排，还能够体现效率。发达国家可以采用多种方式，产生所需的额外税收收入，如传统的内部税收工具，但是由于税基的不同，难以设立一个普遍接受的附加费，或者找到一种合适的"创新性"财政工具为气候融资提供来源，因此，问题的关键在于寻找此类工具。

为了解决这些问题，一种办法是利用发达国家的综合性碳定价工具，作为气候融资的收入来源（考虑到适当的补偿和其他制度性结构，这种办法还能够刺激私人资本流向发展中国家）。当然，这种方式会降低其解决许多国家深层次财政问题的效力。对国际海事和航空业使用的化石燃料征收费用，考虑到其对环境造成的影响，同时也有利于解决气候融资问题——特别是在国际海事活动中，既难以将税基算到某个特定国家的范围内，也需要开展广泛的国际合作。有一些办法能够保护发展中国家免于受到此类税费的不利影响（大多数情况下，这种影响非常有限），但是在国际航空业中征收此类燃油费会产生重大的法律问题。

参考资料和延伸阅读

Advisory Group on Climate Change Financing, 2010, *Report of the Secretary-General's High-Level Advisory Group on Climate Change Financing*, November 5, 2010 (New York: United Nations).

Atkinson, A.B., 2003, "Innovative Sources for Development Finance,"in *New Sources of Development Finance*, ed.by T.Atkinson(Oxford: Oxford University Press).

NMF, 2010a, "From stimulus to consolidation: revenue and expenditure policies in advanced and emerging economies,"Policy Paper, April(Washington: International Monetary Fund).

———, 2010b, "A Fair and Substantial Contribution by the Financial Sector,"presented at the G-20 Toronto Summit, Toronto, Canada(June 26–27).

———, 2011, "Promising Domestic Fiscal Instruments for Climate Finance"(Washington: International Monetary Fund).Available at http://www.imf.org/external/np/g20/.

———and World Bank, 2011, "Market-Based Instruments for International Aviation and Shipping as a Source of Climate Finance"(Washington: International Monetary Fund and World Bank). Available at http://www.imf.org/external/np/g20.

Sinn, H., 2012, *The Green Paradox: A Supply-Side Approach to Global Warming* (Cambridge, Massachusetts: MIT Press).

U.S. National Commission on Fiscal Responsibility and Reform, 2010, "The Moment of Truth."Available at http://www.fiscalcommission.gov.

World Bank, 2011, "Cost to Developing Countries of Adapting to Climate Change: New Methods and Estimates,"Consultation draft(Washington).

World Bank, International Monetary Fund, Organisation for Economic Cooperation and Development, African Development Bank, Asian Development Bank, European Bank for Reconstruction and Development, European Investment Bank, and Inter-American Development Bank, 2011, "Mobilizing Climate Finance,"Paper prepared at the request of G-20 Finance Ministers, October 6.Available at http://climatechange.worldbank.org/content/mobilizing-climate-finance.

[第8章]

碳定价：从经验中获得教训①

汤姆·泰坦伯格
美国科尔比学院

决策者所需的关键信息

● 使用市场手段替代监管排放控制政策虽然大大降低了成本，但是，它最主要的影响是减少了排放。不过，从某种程度上讲，成本降低和减排并未完全发挥其潜能，部分原因是实际设计偏离了最经济有效的设计（例如，很多方案并不全面）。市场导向政策也促进了对清洁技术的投资（虽然收益总是和期望相差甚远）。迄今为止，碳泄漏效应相对而言仍然较小。

● 碳排放定价方案通常以"混合"方案的形式出现，这种"混合"方案结合了上游和下游体系，以及排放税和排放交易。例如，在澳大利亚和欧盟，下游大型排放源由总量控制和交易体系（是其他早期环境法规的自然延伸）覆盖，而更多的扩散源（例如，家庭取暖燃料、交通运输燃料）则由税收控制。这些混合体系仍然可以控制大多数与能源相关的二氧化碳（CO_2）排放，并且具有一定的成本效益（如果不同行业的排放价格不存在太大差异的话）。

---

① 本章最初是为国际货币基金组织准备的调查报告。

- 虽然《京都议定书》曾在寻找一种方法来控制六大温室气体（GHG），同时将其转换为常见的二氧化碳当量指标，但是，现有方案仍未涵盖所有这类气体。为了便于管理，大部分方案仅关注与能源相关的 CO_2 排放，但鉴于 CO_2 约占全球 GHG 的四分之三，这可能不是一个主要的缺点。此外，很多方案正开始向更全面的且能覆盖所有气体的方案过渡。

- 在交易体系中，与市场力量相比，迄今为止价格波动仍然是一个较大的问题（虽然只有发达国家拥有此类经验）。由于包含许可证储蓄（当预期配额价格较高时，允许实体企业储存额度以备日后使用）和提前拍卖（允许实体企业以当前价格购买额度以备日后使用）的规定，致使总量控制和交易体系常常涉及价格波动。在许可证借贷（允许实体企业在指定日期之前使用许可证）方面的限制条件更多（因为有关方面担心企业会不遵守规定的排放配额），但这似乎并不是个问题。

- 碳排放税和排放配额拍卖所得收益已用于减轻其他赋税、补偿工业、抵消对家庭产生的消极影响，以及推广可再生能源效率方案。随着时间的推移，用于工业补偿的收益比例已有所减少，但是，丧失的收益增值幅度较大，且存在过度补偿的倾向（实际上，在实施欧盟交易体系的早期阶段，发电厂就获得了暴利）。一些方案（例如澳大利亚的方案）提到了对低收入家庭产生的负面影响，建议逐步调整这些方案，以适应更大范围的税收制度。

- 排放"补偿"规定是一种常用的手段，用以减轻排放者在碳定价方案方面的财政负担。在碳排放税制度下，虽然引入补偿方案会增加总的减排量，但它并不会影响总量控制和交易体系下的总减排量。但是，面临的挑战是，要衡量正式方案之外的额定减排量，以及确保这种额定减排量在没有碳补偿的情况下无论如何也不会产生。鉴于可信度方面的问题，大多数方案都提出了补偿限度，但是新方法尝试着区分可信度较高的补偿（允许使用）和可信度较低的补偿（不允许使用）。

> ● 价格和排放透明度对问责制而言十分重要，它可以降低欺诈的可能性，随着时间的推移，还有助于使方案得到逐步完善。独立评估是定价方案后评估的重要组成部分，外部评审员应能够自由使用相关资料来开展这类评估。

虽然基于碳定价的气候变化控制安排相对较新，但对排污权的定价则由来已久。自20世纪60年代起，各种形式的排放交易和排污税费就已出现（表8-1）。

表8-1   **现有大气污染收费体系或排放交易体系**

排放交易	大气污染收费
传统污染物	**传统大气污染物**
美国分步禁铅方案（铅，1985年）	日本（氧化硫，1968年）
美国硫限额排放方案（SO₂，1990年）	中国（多种污染物，1982年）
智利圣地亚哥（悬浮粒子，1992年）	法国（多种污染物，1985年）
加利福尼亚区域清洁空气激励市场	瑞典（氧化氮，1992年）
（NOₓ和SOₓ，1994年）	中国台湾省（多种污染物，1996年）
美国东部NOₓ预算方案（NOₓ，2003年）	
气候变化	**气候变化**
《京都议定书》之清洁发展机制和联合履行机制（2005年）	芬兰（1990年）
欧盟排放交易体系（2005年）	荷兰（1990年）
美国东北部区域性温室气体减排方案（2009年）	瑞典（1991年）
新西兰（2010年）	挪威（1991年）
	英国气候变化税（2001年）
	丹麦（2005年）
	瑞士（2007年）
	加拿大魁北克省（2007年）
	加拿大不列颠哥伦比亚省（2008年）
	印度（2010年）

Source：Author.

这两类安排都能提供丰富的经验，从这些经验中，我们能深入了解这些方案产生的良好效果以及社会环境的重要性。考虑到大量可供选择的方案，这些安排提供的经验还能影响设计的结果。本项调查旨在总结可以吸取的主要经验教训。

本章首先简要概述了五种方案（这五种方案囊括了各种类型的方案）。其中包括两个碳排放税方案（加拿大不列颠哥伦比亚省和瑞典）、两个总量控制和交易安排（欧洲和美国东北部）以及一个涵盖碳税方案和限额交易方案的混合安排（澳大利亚）。其次，我们给出了从实际经验中吸取的系统设计方面的经验教训，然后，借助于成本节约、减排量、市场转型以及技术创新和传播等指标，我们给出了这些安排在实践中的应用结果。最后，我们深入总结了这些经验教训，以供决策者使用。

8.1 背景资料：五种具体方案的概况（碳定价方案）

8.1.1 瑞典碳税方案

在瑞典，碳税既直接向排放的每单位**二氧化碳**征收，也通过能源税间接（且并不完全）向不基于其碳含量的化石燃料征收。瑞典在1991年引入了碳排放税，以作为现有能源税制度的补充，同时使现有税收降低了50%。

2005年引入欧盟排放交易体系（EU ETS）后，某些行业同时受碳税和 EU ETS 的支配。交通业和家庭的大部分排放物不在 EU ETS 的范围内，但在其他征税范围内。为避免出现双重管制，政府决定，受 EU ETS 支配的行业，将不包括在碳排放税支配的范围之内。因此，所有行业现在都受碳价格的支配，但不同公司和行业的碳价格存在较大差异，某些活动还完全不受碳价格的支配。虽然电力行业受 EU ETS 支配，但政府既未向电力行业征收能源税，也未向其征收碳排放税，却向家庭征收特殊电力消费税。

这种混合体系在减排方面极具成效。据瑞典环境部的资料显示，在1990—2009年间，瑞典的温室气体（GHG）排放量几乎降低了17%（主要是通过燃料替代实现的）。在瑞典，可再生能源的比例从1991年的34%增加到2007年的44%，在经济合作与发展组织（OECD）成员国中占比最高。如今，瑞典的电力行业几乎不会产生CO_2，水电和核电占发电量的

90%以上。

　　有关方面认为，碳税主要降低了居民生活中的排放量（主要是通过倡导区域供热实现的，区域供热比局部供热更高效），放缓了运输业排放量增加的趋势。专家认为，由于批准免除了很多税种，因此，碳排放税对工业的影响可能较小。

8.1.2　大不列颠哥伦比亚省碳税方案

　　加拿大大不列颠哥伦比亚省于2008年实施碳排放税，这种碳排放税是向燃料燃烧产生的每吨CO_2当量（CO_2-e）排放物征收的税种。在这一案例中，CO_2-e是释放到大气的CO_2、甲烷和氧化氮（N_2O）含量。使用全球变暖系数，把非CO_2排放水平调整到CO_2当量基准。在该方案中，商业航空以及货船和游船用燃料不在碳排放税征收范围内。预计该方案将控制大不列颠哥伦比亚省GHG总排放量的77%。

　　从行政管理角度而言，从批发环节采用和征收碳排放税的方式基本上与该省征收机动车燃料税的方式相同，这一策略使得管理更加容易。碳排放税最终由消费者承担。

　　所有由该碳排放税（无关于收益）产生的收益，均将通过减税的方式返还给居住在大不列颠哥伦比亚省的加拿大人。2008年1月1日，前两级个人所得税税率降低了5%。"低收入气候行动退税方案"旨在保护低收入家庭，它为成人提供定额税抵免，即在规定的收入起征点范围内，定额税抵免额能够减少家庭净收入的2%。

8.1.3　欧盟排放交易体系

　　EU ETS于2005年开始实施，它是世界上最大的排放交易体系。现在，有30个国家（27个欧盟成员国，再加上冰岛、列支敦士登和挪威）在实施EU ETS。该体系涉及电站、火力发电厂、炼油厂、铁厂、钢厂、水泥厂、玻璃厂、石灰厂、砖厂、制瓷厂、纸浆厂、纸厂、木板制造厂等设施排放的CO_2。目前在该体系中的这些设施，其CO_2排放量几乎占到欧盟CO_2排放量的一半，GHG排放量几乎占到欧盟GHG总排放量的40%。

　　对于由责任实体排放的某些GHG，EU ETS为其设立了总量控制。在该总量控制内，公司将获得排放配额，必要时，公司可将获得的排放配额卖给其他公司，或可向其他公司购买排放配额。排放配额数量将随时间而减少，因此，总排放量将降低。到2020年的目标是使排放量比2005年低21%。

虽然该体系目前仅涉及CO_2排放，但ETS的范围很快就会得到扩充，以涵盖其他领域和其他GHG如N_2O和全氟化碳。在等待法定挑战的结果期间，预计航空公司会在2012年加入该体系。预计在2013年，该体系会扩展到石化产业、氨产业和铝产业，以及更多的气体。2013年，该体系还会开始对排放配额进行拍卖，最终目标是，到2027年实现排放配额的全部拍卖。

8.1.4 区域性温室气体减排方案

2009年，有10个州——康涅狄格州、特拉华州、缅因州、马里兰州、马萨诸塞州、新罕布什尔、新泽西州、纽约州、罗德岛和佛蒙特州——开始实施第一个市场监管方案，以此来减轻美国的GHG排放。通过区域性温室气体减排方案（RGGI），每个成员州都可设定发电厂的CO_2排放总量控制、根据最低价拍卖CO_2排放配额，以及对那些会进一步减少排放的战略性能源方案产生的收益进行投资。

回顾过去，该方案设立的总量控制较低，但是，未来对较高总量控制的期望，加上十分有利的天然气价格（加快了向具有成本效益的低碳燃料过渡），显然使得排放量急剧降低。截止到2010年（即该方案实施的第2年），排放量比总量控制低27.1%，比宣布该方案时（2005年）的排放量低25.6%。虽然经济衰退在这种降低中发挥了一定程度的作用，但是经济分析表明，排放量的降低主要是通过由较低天然气价格推动的燃料替代实现的。在2005—2010年间，使用残余燃料油所发的电减少了95%，使用煤发的电减少了30%，而使用天然气发的电增加了35%。

RGGI成员州分配了大量资金，以专门用于提高能源效率（例如，建设环保御寒建筑以及鼓励投资新技术，使得提供的照明装置更具能源效益）。分析表明，近期在降低该区域的GHG排放量方面，能源效益是当前最划算的工具。

通过观察RGGI成员州对此项方案的行政支持方面所发生的情况，可以对能源效率专项资金使用过程中呈现的政治现象加以例证（即把原定用于提高能源效率的资金转移为一般国库资金中，以减少赤字，这与该方案的内涵相矛盾）。纽约州在2010年秋季拿出了9 000万美元（几乎是其一半的资金）；新泽西州拿出了其全部的资金即6 500万美元；新罕布什尔州（相对较小的一个州）拿出了310万美元。由于资金转移削弱了这些方案的主要政治支持来源，因此，资金转移促使新泽西州退出RGGI。当新罕布什尔州州长否决了立法后，新罕布什尔州议会的退出企图才作废。

RGGI中设置了最低价（大约为2美元／吨），该最低价与通货膨胀指数挂钩，以消除通货膨胀的影响。由于相对于总量控制而言，减排量较大，致使排放配额过剩，因此，最低价具有约束力。实际上，最低价在该区域发挥了主要作用，因为拍卖所得是热门能源效率方案的重要资金来源。如果没有最低价，则大量资金就会丧失，从而使得区域能源效率市场的资金来源不稳定。

8.1.5 澳大利亚混合体系

"澳大利亚方案"的设想是，分两个阶段，从碳排放税过渡到排放交易市场。

- 在第一阶段（2012年7月1日至2015年6月30日），排放者将按固定价格上交每吨二氧化碳的排放费。固定价格的起点为23澳元（23.81美元）／每吨，其实际年增长率为2.5%。

- 2015年7月1日，固定的碳单价范围将过渡到完全具有弹性的碳单价范围，完全具有弹性的碳单价由排放交易市场确定。

虽然有一半的合规义务必须用国内许可证或信用证来履行，但是，在灵活价格阶段开始实施后，可靠的国际碳市场与排放交易体系之间的补偿可用于履行剩下的合规义务。

在灵活价格阶段开始实施后的前3年，将实行最高价和最低价。最高价设为20澳元（20.70美元）/吨（高于国际预期价格），其实际年增长率为5%；最低价设为15澳元（15.53美元）/吨，其实际年增长率为4%。

虽然在排放交易市场下，碳价机制的实施范围很广，但却不具普遍性。由《京都议定书》管制的四种GHG，即CO_2、甲烷、NO_x和全氟化碳（由铝熔炼形成），将包括在碳价机制内。运输燃油不包括在碳价机制内，但对等的碳价将适用于国内航空业、国内航运、铁路运输以及非交通运输用燃油。碳价将不适用于家庭运输燃油、轻型车辆商务运输，或是农业、林业和渔业用的越野燃油。农业排放也不会包括在这种碳价机制内。

在 2011—2015 年可能获得的收益中，50% 以上的收益将用于减轻家庭的开支负担，将通过赋税与转移机制为家庭提供援助。为降低负担复原的可能性，政府还会把法定个税起征点提高三倍以上，以此来援助中低收入人群。

一部分收益还专用于促进受到高度冲击的企业的转型。"能源安全基金"将对两大行动进行监管：（1）到 2020 年，向停产的 2 000 兆瓦左右的煤电厂提供付款补偿；（2）在 2016—2017 年以前，以免费限额发放澳大利亚碳排放许可证和现金援助的方式（估计值 550 万澳元），向排放密集型煤电厂提供转型援助。

其他利用该方案所得收益的各种举措，将集中在促进就业、倡导使用可再生能源以及提高能源效率上。

8.2　项目设计方面吸取的教训

在设计碳定价体系的过程中，有几个设计方案可供各个国家考虑。在大部分此类案例中，不管首选机制是碳排放税机制还是排放交易机制，各种手段的选择都是相似的，但在其他案例中，各种手段的选择则各不相同。

第 2 章从优选论的角度汇总了各个设计问题。在本章中，我们总结了现有方案作出的实际设计选择，以及可以从这些选择中汲取的经验教训。

8.2.1　工具选择

在过去，公开演说时，常常拟定工具选择，来判断碳排放税与排放交易孰优孰劣的问题。但如今在实际操作中，常常把该问题表述为如何使二者得到最佳组合的问题。

例如，这两种工具可以相继使用，最初可以使用其中一种工具，当另一种工具得到完善时，可过渡到另一种工具。一些证据（我们随后将对其进行论述）表明，排放交易市场需要一段时间才能成熟。为确保这些早期市场不会造成价格波动，最初可能需要实施一种会形成已知且稳定价的税制，直至参与者完全熟悉那些会由排放市场接管的减排方案及其费用。例如，对于澳大利亚将于2012年年中开始实行的碳排放税方案而言，预计其会为过渡到碳交易体系铺平道路（在碳交易体系下，碳价将在2015年年中由市场决定）。

把这些工具同时用于不同的行业也会产生良好的效果。虽然一直以来，各种赋税常常都针对于更多扩散源（例如生活排放或运输排放），但EU ETS和RGGI等排放交易体系针对于较大的排放源并不是巧合。例如，在澳大利亚排放交易方案中，不在总量控制范围内的排放源，将受到对等碳价的控制。同样，在瑞典，家庭和运输排放主要是由征税控制的，大型企业的排放则是由EU ETS控制的。这完全符合最优性，但前提是这两种体系产生的价格在事实上对等。

最后，这两种工具可以结合，形成一种混合工具。第1章提到了一个众所周知的例子——价格上限与排放交易的结合使用，在本章关于价格波动部分，我们也对其做了更多论述。

8.2.2　适用范围：气体和排放源

气体。《京都议定书》中的设想是，通过碳定价方案来控制六大GHG，同时将它们转化为CO_2-e。在实践中，这是通过使用全球变暖潜能值（GWP）实现的。GWP的定义是，在规定的时间框架内（常常是100年），单位质量的温室气体相对于CO_2的累积辐射强迫效应。在包含的体系中，正是这种CO_2-e形成了征税基础或可交易商品的基础。

把多种气体包含进来，将大大降低实现特定浓度目标的成本。但缺点是，不仅GWP方法不会产生理想的等同效力（例如，不同的气体在大气中的停留时间有很大的不同），而且对其中一些气体的监测也会更加困难。

在实践中，为便于管理，大部分方案目前仅关注化石燃料燃烧产生的二氧化碳排放。这可能是一个可行的过渡策略，因为随着监测能力的成熟，要增加更多的气体并不困难。例如，RGGI和瑞典碳排放税方案都仅

关注二氧化碳。但是，加州旧金山湾区空气品质管理局确实对 CO_2-e
（所有气体）进行了征税，澳大利亚也对《京都议定书》中涉及的六大
GHG中的其中四种进行管制。

历史上，除了二氧化碳之外，也有其他监管目标。例如，科罗拉多州
博尔德市仅对电力使用征税。有很多欧洲国家也对能源（Btus）和／或电
力使用征税。[1]

虽然对能源统一征税确实会对节能产生促进作用，但是，对于单位能
源而言，这并不能促进排放量不同的燃料之间的转换。

排放源。从降低成本角度而言，若能更全面地覆盖排放源（例如气
体），则效果会更好。但是，现有方案都不涉及全面控制。如前文所述，
EU ETS仅涉及某些类别的大型排放源（虽然有关方面正在对 EU ETS进
行扩充，使其囊括其他行业）。RGGI仅涉及一个行业（大型发电厂）。

除了某些特定的行业之外，排放源的大小常常会影响适用范围。对大
部分方案而言，即便是涉及的行业，也常常只有那些规模超过规定限值的
企业机构才承担定价义务。

由于扩展了碳定价应用范围的定义，因此，最初的适用范围也得到了
扩展。一般而言，不仅可以对排放量进行直接控制（通过选定"下游"目
标），还可以对其进行间接控制（通过选定"上游"目标），甚至还可以通
过两种方式的结合来对其进行控制。

下游监管点将重点对使用地点进行控制，因为GHG是从使用地点排
放到大气中的。上游体系则对物质提取、生产、出口、加工或分配地点征
税或提出排放配额要求，因为一旦使用或燃烧这类物质，这类物质便会产
生GHG。

下游方法可能是实践中最常用的方法。例如，湾区空气品质管理局直
接对排放设施收取排放费，而在RGGI中，只要求排放废气的发电厂（而
非燃料供应商）遵守限额排放。在澳大利亚，碳定价机制将直接应用于在
澳大利亚的几百个最大的污染源。

---

[1] Btu 为英制热量单位。该度量标准用于比较不同类型燃料的能量。

与其他很多设计选择一样，不应把监管点简单地视为二元选择。经证明，结合了上下游排放源控制的混合体系是很受欢迎的方案，且正变得越来越普遍。例如，大不列颠哥伦比亚省碳排放税常常是在上游集中征收的，但天然气税除外（在零售层面征收）。对于那些可能会面临双重征税的项目而言，重复征税（双重征税）常常是通过给予退税或免除征收规定范围内的税种来得以避免的。

8.2.3　时间灵活性

排放交易体系能提供储蓄、借贷和提前拍卖，因此，该体系具有更强的时间灵活性。储蓄指留存减排配额，以便超过指定的减排配额使用年限之后，仍可以使用减排配额。借贷指在指定的减排配额使用期之前，使用减排配额。提前拍卖指出售将来某一时间（常常是自拍卖以后的第6年或第7年）之后可以使用的排放配额。

允许这种时间灵活性的经济案例的依据在于，能让排放源为降低合规成本而灵活安排减排投资投入时间的附加选项。各企业安装新减排设备或更改制造工艺的最佳时间大不相同。有很多因素（例如，将更换的设备的使用寿命以及可供额外控制使用的技术方案的数量）无疑会十分重要。

价格因素也会影响时间灵活性。如果强迫企业完全在同一时间采用新技术，则会导致单一时间点上的需求集中（这一点与需求散布截然相反）。需求集中会导致设备价格上涨，还会导致设备安装所需的其他辅助资源（例如技工）的价格上涨。

储蓄也能减轻因价格波动所致的损坏。为意想不到的结果（例如，生产水平异常之高，导致排放量高于预期排放量）留存许可证，可以大大降低未来的不确定性。由于紧张时期可利用留存的排放许可证来达标，因此，这些排放许可证可在发生意外情况时提供额外的安全裕度。

储蓄体系（在该体系下，可留存排放配额供将来使用）的存在，也有助于保持政策在政治上的持久性。当公众关注度减弱且精心设计的碳定价政策面临着被特殊利益政党破坏或歪曲的威胁时，如果这种精心设计的碳定价政策得不到保持，则只实施这种碳定价政策并不足够。即便只是可信的瓦解威胁，也会对投资激励造成极大的负面影响。

历史表明，当主要参加者致力于改革的持续，并且各项政策保存激励机制以一种自加强的方式归整到一起时，改革便可持续发展下去。持有留存排放配额的参加者（以及参与碳市场基础设施并从中获利的实体，例如，经纪行、注册管理机构等）极有可能坚持维持市场的稳定性。

鉴于储蓄具有这些实质性的优势，因此，它被广泛应用于排放交易方案中。但借贷的应用范围相对而言就比较小，部分是因为有关方面担心，如果企业借贷太多，以后就会面临执行问题。澳大利亚ETS打算允许限量借贷排放许可证，以便在任何特定的合规年度内，澳大利亚ETS所属排放源都能从后续排放成效卓越的年份借出排放许可证，最高可卸下5%的义务。迄今为止，限量借贷似乎并未大大提高成本。

提前拍卖现在更加普遍，但由于几乎没有对其产生的影响进行分析，因此，提前拍卖并未纳入文献。

8.2.4 使用税收或拍卖所得

碳排放税和排放配额拍卖不仅能激励减排，还能增加收益。原则上，对排放配额拍卖或碳排放税产生的收益进行分配，可以提高政策效率、降低财政负担分配累退程度，或提高方案的政治可行性和稳定性，但是这些优点取决于对所述收益的处置。实施中的方案能提供各种不同的选择经验，这对于确定经验是否与期望匹配而言十分有益。

8.2.5 控制目标群体的负担

各个国家常通过设立碳定价方案，以求解决其潜在经济影响（特别是对能源密集型企业）和相关政治问题。针对上述问题，政府提出了多种设计策略，即使用潜在或实际收益抵消企业面临的潜在成本增量，策略包括免税、优惠税率或免费发放配额。

免税是目标负担限制常用策略（尤其是在欧洲税制中）。免税类别包括：（1）排放物少于部分规定阈值的排放源的所有排放物免税（多数方案亦遵循此策略）；（2）受免双重征税政策保护的排放源的排放物免税（较为常见）；（3）成本极易增加，程度难以接受，此类排放源排放物免税；（4）在某些排放源中，国际法律问题导致特殊实施障碍，其排放物免税。罗列的前两类免税政策通常不会引发严重成本效益问题，但第三、四类则会。由于受免税政策保护，公司仪器中温室气体（GHG）的产生不再受控制，因此也就没有了降低碳排放的动机。此外，专门设计仪器，以达到具体量化目标的同时，其他公司须解决因免税引发的疏忽问题，免税增加了整个方案所需的合规成本。

较之于免税而言，优惠税率更为普遍。如，挪威的纸浆和造纸行业、鱼料行业、国内航空和国内货物运输行业所付税率低于其他行业。同样，瑞典的制造业、农业、热电站、林业和水产业的税率也低于其他行业。

有关更多降低弱势企业成本负担和签发退税的可能性（以及复杂结果）说明，参见《瑞典氮气收费体制》（专栏8-1）。

专栏8-1   实施的退税政策：瑞典氮气收费体制引发的复杂结果

瑞典氮气收费采用了不同的方法，以控制成本。自始至终其旨在发挥激励作用，而非增加收入。虽然国际标准中收费率较高（因而产生了更有效的经济刺激），但政府不会保留此税收收入，而是将其返给排放源（由此降低税收对竞争力的影响）。

正是该退税形式使该方案更引人关注。基于排放量征税的同时，基于产能退税。实际上，此体制奖罚分明，若单位能源的NO_x排放量较少，则该厂将受到奖励，若NO_x较多，则将被罚。该方法激励排放源在生产能源时积极降低单位能源排放量，而不是降低能源量。因此，相较于不退税措施，此方法导致总排放量减少。

1992—2005年间，平均排放强度几近降低一半，但因能源需求增加，参与的工厂的有用能源总产能提高了70%多。因此氮气收费对象——各单位的NO_x总排放量几乎未下降。

Source：Sterner和Turnheim（2008）.

任一税制或排放交易体系均会实施免费发放。根据税制，只有当排放量超过免费发放阈值时方可征税，该策略见于某些欧洲废水收费体制中。此外，排放交易中，向受优待的行业（免费赠送）免费发放总量控制和交易体系中的部分配额。两种方法均可免除免费发放排放量支付的相关财务费用，但相较于免税而言，其并未免除行业控制GHG的义务。

至少在最初，欧盟排放交易体系和加利福尼亚体系是基于部分指定合格标准，将部分或所有排放配额免费发放给各方。欧盟则基于各相关产品的产品特定基准分配免费排放配额。就某一行业而言，基准的起点为10%是最高效装置的GHG平均排放量。在加利福尼亚，电力公司将免费接收2008年电力行业排放量的90%，为2013年1月1日GHG交易体系的启动做准备。

从效率出发，仅以历史排放量为依据的免费排放配额分配量不能作为分配的依据，若按此进行，那些拥有严重不良的历史跟踪记录的排放源则无法获得奖励（注意，欧盟排放交易体系是如何避开此问题的）。此外，若提前知晓该法，甚至可能妨碍早期减排措施，以免此类减排措施使排放源随后得到的免费排放配额分配量减少。

欧盟排放交易体系的经验增进了我们对免费发放体系动态的了解。经验型证据表明，在管制解除的电力市场上，特别是德国、北欧国家、英国和荷兰，市场中大量的免费发放配额均以更高的价格流向消费者。由于配额是免费发放的，因此相关企业赢得了"暴利"。

通常，此免费排放配额分配经验表明，有时出于政治原因，免费排放配额分配是必要的，但正如下文所述，免费排放配额轻微增长的同时，也会降低或消除其他用此税收政策获利的可能性。此外，证据表明，因碳定价负担最终将以更高的能源价格转给各个家庭，所以全方位保护弱势群体所需收入仅占通过增税获得的总收入的很小部分。

考虑到其机会成本更高及仍在增长的情况，随着碳定价提高，不再经常按惯例采取配额免费发放措施。即使是在支持免费发放配额的体系中，随着时间的变化，免费发放配额比例也在不断降低，如欧盟排放交易体系方案在2013年出售欧盟总排放配额的20%，随后逐年增加，到2020年，将售出70%。最终，到2027年，售出所有配额。在《区域温室气体行动方案》（RGGI）中，免费发放发挥的作用通常极小。《区域温室气体行动方案》将提供近86%的二氧化碳排放配额，以供拍卖，仅提供约4%的二氧化碳排放配额，以供定价出售。

8.2.6 利用收入降低其他税收

由于各个国家期望提高政策效率，降低不公平性，因此其制订的收入使用方案变化较大。几个欧盟成员国的能源和碳排放税收方案均以环境税改革作为指导。国税体系改革旨在将传统资源（如劳资）背负的税收负担转移至替代资源（如环境污染或国家资源使用）上。第2章进行了充分论述，即使用收入降低扰乱多个经济体的项目相关税收，可大幅降低政策的总成本。同时，至少在某种程度上（基于选择降低何种扭曲性税收而定），收入循环可降低成本分配负担的累退程度。

由于低收入家庭使用大量收入购买能源密集型产品（最主要的天然气和电力），因此在不存在收入再分配的情况下，预计（特别是工业化地区的非交通排放物）碳定价方案负担将呈现累退性。总体而言，股东收入高于工薪阶层，而收入归于股东，免费发放配额将加剧累退程度。

在如何再利用收入上，一方面，各个国家选择了完全不同的方式。瑞典和芬兰主要通过降低所得税，再利用收入。另一方面，丹麦和英国主要使用收入降低雇主的社会保险税。加拿大的不列颠哥伦比亚则主要使用收入，降低个人、企业和小型企业所得税。

意识到效率提升策略，如降低企业所得税，无助于降低累退程度时，部分方案改而采用部分基金，专用于降低家庭（特别是低收入家庭）成本负担。澳大利亚的方案中，50%之多的收入将用于降低家庭成本负担。澳大利亚还将通过税收和交通体系，实施现金援助，使法定免税阈值增至三倍之多，针对中低收入的个人进行援助。政府还设计了减税、增加退休金和现金转移策略，以期至少能抵消碳定价引起的预期平均价格对低收入家庭的冲击。中等收入家庭也有资格获得援助，使其可面对平均价格冲击。

8.2.7 提高可再生能源和能源效率

其他方案运用收入提高可再生能源和能源效率。基于碳排放税，该策略可进一步降低排放量，但在欧洲排放交易体系中，基于上述减排是否受总量控制约束，可能会导致排放配额价格降低。在丹麦，尽管约60%的收入都返还给了整个行业，但还有40%的收入仍被用作环境补贴。加拿大魁北克省将其碳排放税收入存为"绿色基金"，支持发展"预计可尽可能降低或避免温室气体"（Sumner、Bird和Dobos，2011，p.934）的措施。

如前文所述，RGGI倾向于将其收入用于提高能源效率。在各个州，上述投资成本效益高于可再生能源投资，同时，通过降低需求，甚至可降低电价（进而缓解政策的累退性影响）。针对能源效率进行的物质激励型投资不仅提高了几个大型工业公司的竞争力，还使上述方案获得的政治支持（及其稳定性）增加。

合理利用拍卖排放配额所得收入或碳排放税收入，可提高政策效率、降低财务负担分配累退程度或提高方案的政治可行性和可持续性。此时，至少在宏观水平上，正朝期望目标行进中。

实现多个目标，意味着需就如何使用税收作出多项选择。幸运的是，收入来源较多，足以支持政府往各个方面发展。

8.2.8 总成本控制：碳补偿的作用

免税、差别定价、免费发放和退税等所有措施均试图降低特定目标排放源的负担。支持碳补偿是常用方式，通过为排放源（不针对不在碳定价方案覆盖范围内的排放源）提供更多减排机会，来降低所有参与者的成本。

碳补偿支持各排放源减排。这些排放源不受总量控制约束或不属于补偿让受方所需总量控制或征税基础的温室气体税基础。碳补偿或税抵免额在温室气体定价中发挥了四重作用：（1）通过增加减排机会，降低合规成本；[①]（2）降低合规成本，增加方案通过的可能性；（3）通过提供经济刺激，以增加参与税收或总量控制的排放源量，进而扩大方案覆盖范围；[②]（4）碳补偿使减排资金提供排放源与减排排放源分离，保证减排（如，在发展中国家或低收入项目中）不会因可支付性原因而受阻（见专栏 8-2）。

碳补偿是碳定价方案的永久组成部分，同时，也可将其用作过渡策略。如只要国家尚未加入总量控制体系，碳补偿可能就是保障这些国家减排的最佳机会。所有国家受同一定价方案控制后，也就不再需要此特殊补偿形式。

---

① 成本效应极受重视。美国环保署（EPA）官方初步估计表明，众议院通过但尚未正式立法生效的《美国 2009 清洁能源与安全法案》（即《维克曼-玛肯法案》（Waxman-Markey）中，自由抵偿条款可使排放配额价格降低近 50%。

② RGGI 的实例包括减少填埋区甲烷或植树造林投资所需的多余碳吸附所需抵偿。

| 专栏 8-2 | 非凡碳补偿：增加碳减排利益 |

通过补偿实现碳减排，可创造更多、对公众具有实质性吸引力的社会利益。此时，碳补偿可作为合适项目（包括未获得投资的碳减排项目在内）融资的重要来源。由于上述信用额度属于碳补偿的其中一类，即熟知的"非凡补偿"，因此，在自愿减排市场中有望加价。思考下述非凡补偿的两个示例：

在缅因州，80%的家庭通过燃油供暖，还有许多低收入家庭支付不起供暖所需高费用或增强房屋御寒性能所需费用，使其更节能高效。政府援助虽然可行，但不足以满足所有需求。

为此，成立了一个独立的州政府机构——MaineHousing，以帮助缅因州的中低收入者，该机构于几年前启动了一个创新方案，以运用补偿，为越冬御寒项目提供更多资金。为低收入家庭增强房屋御寒性能的同时，MaineHousing还创建了低碳节能项目，该项目可通过自愿碳标准量化和核准（注意缅因州虽在RGGI总量控制范围内，但RGGI总量控制只处理电力，而非燃油问题。因此，上述节能项目不在总量控制范围内）。碳节省量一经核准后，将通过自愿减排市场售出经核准的碳补偿。

2011年7月，截止到目前累积的核准信用额度所产生的收入出售给了通用汽车公司雪佛兰事业部，由此所得收入将返还用于为更多低收入家庭住宅增强房屋御寒性能。

其他组织，如世界野生生物基金会。根据美国的减少森林砍伐和退化造成的温室气体排放方案，森林保护的减排额度可抵消温室气体排放效应，此碳补偿以受保护的或再植树吸收的核准碳量为基础。在保护支持碳补偿的特定森林的同时，亦是在保护珍稀物种（如老虎、犀牛等）栖息地。原则上，随着更多收入投入用于改善此栖息地，在补偿市场（基于公共关系利益）上，上述补偿值得适当加价。上述非凡补偿加价的程度和可持续性尚待进一步确认。

Source：http：//www.mainehousing.org/ABOUT/ABOUTGreen/Carbon；http：//www.mainehousing.org/news/news- details？ PageCMD = NewsByID & NewsID= 502；Eric Dinerstein, 2011, "The Future of Conservation," Lecture presented at Colby College, Maine, Fall.

要使补偿方案生效，须满足三方面的主要要求（减排可量化、可实施和可追加）。另一个，涉及交易成本与补偿有效性——确保有效补偿价格不低——之间的权衡。其他方面还涉及经核证的项目的类型（所谓的过分重视非二氧化碳气体）、清洁能源发展机制（CDM）活动区域分配不均（巴西、中国、印度和韩国产生的碳信用额度占总量的60%以上）、核准的补贴金量（非二氧化碳气体减排的成本增量低于信用额度可接受的价格）以及凭一己之力实现减排的东道国设立的反激励政策（一旦发展中国家得到他国支持，以通过补偿机制（如CDM）支付减排费用，则这些国家在决定是否要自行承担相关项目时，就会显得犹豫不决）。

出于补偿有效性方面的考虑，如今，大多数方案将如何限制其使用纳入考虑范围。过去采用的方法是补偿适用范围（国内、国外或国内外）仅限于部分规定的一定比例的必要总配额。如在RGGI中，控制期间，仅可用二氧化碳补偿配额补偿某排放源总强制义务的3.3%，但也可能增至5%，甚至，在达到特定二氧化碳排放配额价格阈值时，增至10%。2011年，德国宣布，不支持采用任何补偿，以达到减排目标。同理，观察员认为，2013年启动时，加利福尼亚排放交易体系不大可能支持使用CDM核准减排。加利福尼亚对于上述CDM补偿所持立场与澳大利亚形成鲜明对比，后者方案显然严重依赖补偿购买，以降低成本。直至2020年，澳大利亚排放源每年通过补偿，抵消其多达50%的责任。

此定量限制法的劣势在于，不仅增加了合规成本，还不能区分高质量和低质量补偿。将两者混为一谈处理。

而新方法可作此类质量区分。例如，各国可确立适用标准，以确立被视为可接受的特定补偿类型（从而认为排放配额可以交换排放权），而不允许使用减排更具投机性的其他补偿类型或监管不那么可靠的其他补偿类型。如2011年，澳大利亚宣布，不再支持CDM方案的HFC 23或N_2O补偿。

现下正在讨论的一种（尤其针对林业补偿相关方面的）替代方法是减少补偿（如预期减排量中仅50%可经核准获得碳排放权），以便在不确定此补偿项目的最终减排幅度的情况下，提供安全裕量。减少补偿，只能解决性能、额外性和泄漏之类的问题。

8.2.9　价格波动

固定价格的税制，在无任何行政干预以改变价格的情况下，价格波动不成问题。不论是原则上还是实践中，在总量控制和交易体系中，这都不算问题。

经验表明，排放交易易受波动价格影响。欧盟排放交易体系、区域清洁空气激励市场（RECLAIM）和美国硫许可交易方案均出现过此情况，即价格波动大。

●欧盟排放交易体系发生此情况，归因于两个可纠正的设计错误，即公众对总量控制相关实际排放知识缺乏了解；第一期项目中不允许累积排放配额，以便第二期项目使用。

●RECLAIM出现此情况，是因为在方案刚好到达"转折"点时，重要的低污染或无污染发电源（州外的天然气和水力）的意外短缺导致排放配额需求突然增多。处于"转折"点时，预计实际排放量将超过分配排放量，除非公司安装了减排控制装置。

●美国硫排放权交易方案期间，2004—2005年和2008—2009年这两段时期，价格波动较大。在第一阶段，因天然气价格激升（部分归因于卡特里娜飓风），导致排放配额价格大幅上升。而在第二阶段，因美国巡回法院发布两项裁决，以解决硫控制相关项目（清洁空气跨州规定），由此引发波动。

降低潜在价格波动程度的一种具有潜在吸引力但尚未经实践检验的方法是：将"价格上限"（涉及安全控制价格上限及配额保留）与价格下限相结合。制定安全控制价格上限能够允许排放源以预定的充分高的价格购得额外的配额，此价格因过高而无法产生任何影响，除非配额价格意外激增。[①]这些额外配额应出自早些年专为此保留的保留配额、国内或国际可

---

① 该计划并不是降低价格的专用方法，参与该计划的单位可寻求其他设计（较低的最高限价），以达到此目的。通常，在不深入技术细节的情况下，抵偿在此方面发挥的作用比最高限价更大。注意，如（如本章所述）RGGI设计是如何基于排放配额价格确定容许抵偿量的。

用补偿额的增额，或者也可能出自从未来配额中借出的额度，以防购买配额破坏总量控制。定于 2012 年启动的加州方案中包括此保留配额，且此保留配额属于美国众议院通过但未立法生效的《维克曼-玛肯法案》的一部分。

澳大利亚提出了价格下限，应用于灵活价格阶段的前 3 年（如上文所述）。价格下限有两重作用：（1）意识到低碳价格降低或打消投资新型低碳能源形式的动力后，其试图向投资者证实，价格不会低于所定价格下限；（2）为拍卖配额所得收入来源提供价格保护。如上所述，RGGI 也有价格下限，实际上，RGGI 亦对价格进行了限制。

另外，澳大利亚的新气候政策也引入了另一种新方法，旨在缓解不成熟市场中可能出现的价格波动性。固定价格阶段中，参与方案的排放源可以使用固定价格从政府处购得排放配额。须交付以固定价格购得的所有配额，不得用于交易或保留以便将来使用。随后，碳定价系统从固定价格机制进入排放交易市场中时，通过供需确定价格。

8.2.10　适应性管理推动的政策发展过程

基于市场制度的一项最初忧虑在于这些制度过于死板（不易变通）；需要为投资者提供充分保障时，尤其担忧政策的死板问题。从政策死板可能妨碍此制度响应更好的资讯来看，可对政策的死板问题窥见一二。

当然，政策死板的根源并不在于《蒙特利尔议定书》规定的臭氧层破坏气体管制动向所设定的流程。设置初始总量控制后不久，更完善的科学资讯使我们确认，这些初始总量控制不足以取得预期结果。发现这种情况后不久，我们确立了更为严格的总量控制，确立具体总量控制并不妨碍我们根据此项设置不断变化的条件来调整严格程度。

然而，对此制度的变更如果做不到谨慎，则有可能会破坏此制度所仰仗的激励机制。按税收制度确立的可预测稳定价格提供了一种形式的市场保障，投资者依靠这种市场保障来做长线能源投资。同样，总量控制和交易体系取决于对排放额度持有稳妥所有权的排放额度持有者。当气候科学方面的新认知需要我们调整税率或控制总量时，可能会影响到这种保障。那么，想要不断适应变化的愿望能否与为投资者提供充分保障这一愿望相兼容？

虽然谨慎设计亦不能消除灵活性和保障之间的紧张关系，但可以将适应性管理系统与灵活政策手段结合实施，来缓解这种紧张关系。适应性管理至少在某种程度上设计了初始方案，从这个意义上讲，适应性管理便超越了试错法，它认识到了响应的范围和效应，从而可将从此类实验中学到的知识用于改进后续方案。对于在科学意义上来讲很复杂的系统（例如，气候变化），在这类系统牵涉多重政策组合，而相互作用形式又同等复杂的情况下，这尤为重要。

适应性管理牵涉两种可能的途径即主动适应性管理和被动适应性管理。[①]被动适应性管理涉及提早确立触发阈值以及超出指定阈值后关键参数的规定变更规则，而主动适应性管理提前指定了鉴别变更需求和实施必要变更所需采纳的审慎过程。

被动适应性管理策略的优点在于，其并不取决于未来政治行动，在发生预先设定的触发事件后，直接遵循预先设定的行动；缺点在于并不能提前了解可影响最佳选择的所有情况。被动策略一般没有那么固定，却也不容易受政治操纵。

一项最简单的被动策略是将税率或价格下限或上限水平与指定通货膨胀率指数挂钩，一些征税方案已经采用这项策略。在此情况下，测度通货膨胀将作为触发事件，而为此采取的行动是增加普遍价格或税率来弥补测度通货膨胀金额。如果没有此项策略，实质税率会随时间流逝而越来越弱。相反，依据排放权交易体系（ETS），随时间消逝，排放额度量可以以固定的年利率减少。

经验也告诉我们，不能够这样实施变更。在美国首个方案（当时被称作"排放权交易方案"）的初期，明显需要额外减排。一些州直接没收所有留存信用额度。

---

① 有经济史知识背景的读者将认识到本讨论与前述规则与自由裁量权的讨论（比如货币政策）之间的密切关系。

虽然这确实能够快速轻易减排，但长期来看却损失惨重，原因在于，这破坏了未来确立留存信用额度的激励机制。由于留存信用额度在很大程度上为守法减排提供了时间灵活性，没收留存信用额度这一做法不仅目光短浅，还极不经济。

从这一具体经验中汲取的教训便明晰起来：普遍留存的额度和补偿额的授权排放不受总量控制变更的影响。政府不能只是因为留存额度或补偿额留在手中，当前没有使用，便没收这些留存额度或补偿额。

主动适应性管理涉及指定具体透明的流程来应对此项制度随时间的发展演变过程。这一途径的优势在于能够考虑需作变更时普遍存在的所有情况，而缺点在于自由裁量权能让政客曲解或妨碍有效变更。

实施主动适应策略涉及指定触发点（触发点可能就出现在未来某日，但也可能出现在意外事件发生时，例如跌出指定合规界限水平）来对是否需要变更启动调研。应定期公开审视先前指定的总量控制或税率表是否适合。应提前向相关方公开确定是否需要变更总量控制或税率的过程和标准（如果要变更，则也需公开需要的变更幅度）。

澳大利亚联邦宣布的方案中，可以发现一些迈向此手段的小步骤。该方案将宣布截止到2014年的前5年总量控制。从第六年开始，污染总量控制每年将延长1年，以便在给定时间维持5年已知总量控制。政府已经提前规定了未来总量控制设定需考虑到的各项因素，包括在达到目标排放水平上取得的进步以及各选项的社会和经济影响等方面。依法建立了具体的独立机构，即气候变化管理局，以便对碳定价机制的关键方面提出建议。另外，不仅涉及总量控制方面，还涉及价格上限和价格下限选择值等方面（见我们前文的探讨内容）。国际价格水平经检验，更接近转向灵活价格的过渡点，以确保价格上限仍反映出预期水平以上的指定裕度。

气候变化政策的细节必定随时间变更。只要变更不是随机变更或是反复无常的变更，则市场均可接纳这些变更。确立透明的适应性管理方案能对促进必要发展演变过程起到很大帮助，而且不会对此制度所依赖的激励机制造成不合理的损害。

8.2.11　透明度和责任

我们从定价机制运营经验中学到的一项极有力的教训是价格和排放透明度的重要性。价格和排放透明度不仅能降低欺诈的可能性，还能加强市场效力。美国硫排放配额方案的一项成功特质，即零收入拍卖，能够起到降低交易方面相关不确定性的作用，并通过公开价格来促进价格和量方面的协商（请参见专栏8-3）。此外，能够有组织地交换（买方和卖方可以会面）以及具备知识丰富的经纪人，均能为谋求交易的各方降低交易成本。

专栏8-3　　　　**价格揭示：硫排放配额方案的零收入拍卖**

在硫排放配额方案之前，价格信息一般为私有信息，只有具体议价交易的各参与方及其经纪人才了解。缺乏价格信息致使减排决策更不确定，从而更难做出决策。为了降低这种不确定性，美国硫排放配额方案启动了一项极特殊的拍卖，该拍卖得出公开价格，而不得出收入。

为了能提供排放额度拍卖，美国环保署（EPA）将扣留每年分配给各单位的总额度的2.8%左右。排放额度私人持有者（例如公共事业单位或经纪人）也可在EPA拍卖上拍卖排放额度。

在这些拍卖上，按出价（而非单一的保证市场供求平衡的价格）售出排放额度，以最高价格的出价开始出售，然后逐一出售，直至所有排放额度均已出售，或已经没有任何出价。EPA扣留的排放额度的出售优先于私人持有者提供的排放额度。提供的排放额度以递增顺序出售，从私人持有者设定最低价格要求的排放额度开始出售。

对我们而言，关键方面在于，EPA将所有收益和未售排放额度按比例返还给排放额度的原持有单位。

拍卖前后的价格分析表明，在单一市场价格能够浮现并后续促进交易活动方面，拍卖确实起到作用。

Source：http://www.epa.gov/airmarkt/trading/factsheet.html and http://www.epa.gov/airmarkt/progress/ARPCAIR10.html.

其他形式的透明度也很重要。透明度促进了责任分配，帮助方案纲领随时间而细化。独立评估是事后评估的一项重要因素，从而对实现数据获取很重要，以便外部目标审核人可开展这些评估。为了方便评估，不仅需要了解此项方案的细节，还需要了解绩效衡量度量，例如所有覆盖到的排放源的排放水平。

这一审核所覆盖到的大部分方案均不符合此透明度标准。许多有关这些方案的网站（至少英文版）都仅含有一系列的新闻稿。但美国硫排放配额方案却在某些方面是一项早期特例，该方案能够充分提供该方案两项主要外部事后审核得出的数据。RGGI网站也列出了所有覆盖到的排放源、实施前后若干年这些排放源各自的年排放量以及各参与州及整个方案的各拍卖结果。该网站不仅包含此项方案的细节说明文件，还包含专门受雇负责以下事项的咨询公司所开展的评估的信息：负责对是否出现市场支配力迹象进行公开统计。

2009年采用的修订版ETS指令规定了欧盟排放权交易体系实施需向单一欧盟登记注册系统靠拢。此项欧盟登记注册系统由委员会实施，将替代成员国2012年开始实施的所有欧盟排放权交易体系登记注册系统。

互联网的广泛使用让我们当前能够分享空前的信息。我们当前能以极低廉的费用向公众提供极大型的数据集。有了这些技术保障，便不会再因为信息传播成本太高而阻碍到事后评估。公众获取数据和受产权保护的信息的充分保护之间的紧张关系的缓解，是留存下来的最大挑战。

8.3　项目效用方面的教训

如我们所见，实际的选项并不会一直对等反映出从优化方面出发推荐的选项。考虑到这种分歧，我们便有理由询问，这些方案如何在实践中很好地进行实施。

8.3.1　成本节约

我们惯常利用两类研究来评估成本减缩和空气质量影响，即基于计算机模拟的事前分析以及事后分析，这两种分析均检验了实际实施经验。

方案中牵涉碳以外的其他污染物的绝大多数（虽然并非所有）事前研究均已发现，减排方面传统采用的排放监管限制比最低成本管制责任归属所付出的减排成本要高很多。这些研究证实，从更传统的监管措施向更经济的基于市场的措施（例如，排放权交易或污染税）转变，相较更为传统的基于排放源特定限制的政策，有望大幅削减成本取得类似的减排效果，或者能够以类似的成本，大幅提升减排效果。

证据也表明，这两种手段相较其他类型已有政策，例如可再生能源或生物燃料补贴，一般能使单位开销取得更大的减排效果。

当额外减排量极为严格，管制部门无从选择，只能减排到接近依据技术可行性确立的限值时，此项可靠的大幅成本减缩成果才不会显现。在此情况下，迈向基于市场的手段所取得的即时潜在成本减缩水平一般极低，然而，随着时间消逝，随着基于市场的手段引入和鼓励新技术，成本减缩幅度将大幅提升。

尽管详尽完整的事后研究数量极少，但这些为数较少的已有研究通常发现，迈向基于市场的措施所取得的成本减缩水平很高，但也还未达到最终最经济成果所能取得的最高限水平。换而言之，税和排放权交易均大体上具有充分的经济性，但实际却在某种程度上低于理想状态，这部分是因为以政治氛围进行的实际设计与从优化角度出发需进行的设计有所偏离。

尽管政治操纵可扭曲税收和排放权交易结果，但排放权交易只可能因存在市场支配力造成的价格操纵而受到影响。市场操纵如若形成，可降低成本缩减幅度。

排放权交易可能存在两种相当明显的市场支配力。当价格制定方或各方共谋联合操纵排放额度的价格以降低自身在污染管制上的经济负担时，便出现第一类市场支配力。第二类市场支配力的根源在于，一家掠夺性定价方想要或各方共谋联合想要利用在排放额度市场或输出市场（或者在排放额度市场和输出市场）的市场支配力来增加在排放额度市场和输出市场的利润。一般来说，只有在参与者控制较大市场份额或各参与者共谋控制较大市场份额的情况下，才会出现市场支配力问题。

排放权交易应用方面的实施经验只揭示了一个市场支配力的例子，这直接源自于设计缺陷。①市场支配力的相关案例很少并不意外，原因在于，大市场的市场支配力问题变小，并且大多数碳市场有许多参与者。然而，如果排放权交易扩张到市场分立程度，从而仅限于相对较少的参与者，则局势便起了变化。

8.3.2　减少排放

虽然一般性理据在于实施这类基于市场的方案能减排（有时能大幅减排），但相较成本方面的理据，这项理据的根基还不够牢靠。几乎所有的排放证据均基于实施此项方案后相对实施此项方案前在排放方面取得的成效（而不是将实施此项方案后的排放情况与不实施此项方案可能出现的反事实基准相比较）。

至少在两个重要方面，采用此项方案实施前后的各排放模式存在问题。首先，历史基准值为极不精准的基准值。例如，假设，在没有此项方案的情况下，排放水平会随着时间急剧增加。在此情况下，能使排放水平稳定的方案被误判为不起作用，原因在于，相较方案实施那一年，排放量并未减少。然而，实际上，相较没有实施方案，已经实现了大幅减排。其次，除了美国硫排放配额方案和美国分步禁铅方案（其理据令人信服），减排涉及的排放信用额度在基于市场的机制（相较外因或补充性政治因素）中起到的作用有限。②

将此项告诫铭记于心，在引入这类基于市场的机制后，非碳污染定价方案通常实现大幅减排。（例如，根据硫排放配额方案，方案中涉及的排放源的排放已降低67%，汽油已经不再排放铅）

---

①　加州区域清洁空气激励市场（RECLAIM）揭示的证据表明，2000年后半年和2001年初，一些发电商操纵着NOₓ排放许可证价格。由于可利用较高的NOₓ排放权价格来证实加州电力市场较高出价的合理性。因此，蓄意抬高区域清洁空气激励市场（RECLAIM）的出价最终造成价格操纵者发电售价较高。（一个市场的较高成本可利用相关市场远高于此的收入来平衡）。区域清洁空气激励市场设计中，促进区域清洁空气激励市场提升批发电价的一个方面在于交易的"按出价支付"性质（相较RGGI中人人均支付同样的保证市场供求平衡的价格而言）。此设计能让有兴趣提升区域清洁空气激励市场单项交易价格的供应商提升单项交易价格，而不影响想要保持购买价格低的其他排放信用额度买家的支付价。

②　注意，如上文所述，举例来讲，在天然气价格没有同步下跌的情况下，不会实现RGGI所述的大幅减排。

虽然实施方案后的减排成效通常更为缓和，但实施方案后的减排成效也将作为碳定价方案的一项标准。碳排放税使排放量一般以较高单位数减少，只有一个国家，即挪威，实际报告了碳排放在增加。EU ETS 概括道，2005—2010 年，"覆盖到的每一装置的年减排率"为 8%（Hedegaard，2011）。

当然，并非所有的温室气体排放源均接受监管，这增加了碳泄漏方面的风险。当一个地方的受监管排放源承受着减排压力，并造成企业将排放转向不受监管或监管力度更小的排放源时，便会发生碳泄漏。这种转移常用的一种途径是企业将污染工厂搬迁到环境标准更低的国家或用户更加倚重从不受监管排放源所在国家进口的产品。例如，实施RGGI的州有可能从不实施RGGI的邻近州购买（推测为更廉价的）电力。在这类将一些排放转向不受监管地区的情况下，相较更明显的总体效果，此项方案的有效减排效果（受监管排放源的减排量减去监管力度更小的排放源的增排量）可能减小。

截至目前，证据一般表明，碳泄漏效应相当小（一般低于10%）。

8.3.3　市场转型

尽管这一点上的真凭实据很少，但大量轶事证据表明，为污染物定价这一做法能够改变污染企业对待环境风险的方式。不对污染物定价的情况下，环境管理通常归入决策流程的尾端。明确来讲，环境风险管理人不参与产品设计、生产流程和投入选择等方面的最基础决策，而只是面对已作出的决策，被告知需要采取一切必要措施来确保合规。这种特定的组织责任分配阻碍了我们对一项潜在重要风险降低途径（即污染预防）的探索。

碳定价不仅倾向于将减排目标移到决策流程的更前端，还倾向于让公司财务主管参与到环境风险管理之中。此外，随着合规方面的代价普遍升高，环境成本使我们采取更多监督行动，赋予更多考虑。随着时间消逝，降低环境风险可成为构成我们底线的一项重要要素。考虑到污染物定价所带来的组织变化程度方面的证据为轶事证据，因此，应更多将这类证据作为待检验的假设性证据，而非实证，但这类证据的潜在意义还是很大的。

现有经验也提供了一些市场行为方面的证据。虽然经济理论将市场看做按需求而自发普遍形成，但实际上，在诸如此类的不常见市场中，参与者通常需要在完全了解市场（以及有效运作市场）前，先取得一些在方案方面的经验。排放源的监管人和环境管理人在对污染物定价的响应过程中，显然经历过许多"实践出真知"的事情，得出的结论是，市场形成一段时间后，市场运作要平顺得多。

8.3.4 技术革新与传播

基于市场的机制的实施将引起减排革新以及新减排技术的采用，在这一理论预期方面，相关文献提供了一些经验佐证。虽然排放权交易方案方面取得的革新收益并非一直如预期那么大，但大多数研究确实发现了在统计学上意义重大的响应。此外，在减排技术国际转让方面，一些证据也表明，CDM（排放权交易的一项要素）已经成为加速技术跨境传播的一项途径，尽管还有一些观察者质疑CDM这一途径在实际中的定量意义。

一些案例研究也表明，环境税使革新技术方案的引入方面取得一些成效。

● 例如，挪威碳排放税也明显促进了碳封存（一种形式的技术革新）。

● 瑞典氮气收费体制明显促进了技术革新（改善最佳做法）和传播（将新技术传播到其他企业）。具体而言，研究者发现，不仅最佳工厂在减排上取得飞速的进步，其他工厂也赶超上来，已经能够降低排放强度，减排成效甚至优于最佳工厂。

● 20世纪90年代，随着瑞典部分由于能源和碳排放税制度而出现的生物燃料需求增长，瑞典已经引入了若干新型木材处理技术。

然而，基于市场的手段促进技术革新和传播的做法并没有得到普及。在一些情况下，对污染物的定价可能激励着对低成本现有策略（例如，转向更低碳含量的燃料）的探索，而没有激励对新技术的采用/启用，从而，相较可再生能源配额制等其他政策，耽搁了这些新技术的商业化进程。在这类碳定价案例中，待现有更廉价技术机遇耗竭之后，更根本性革新的刺激因素需较长时间才会出现。

8.4　结论

美国国家科学院的一份近期报告称，"碳定价策略是制约未来气候变化的政策组合的关键基石"（NAS，2010，p.6）。将碳定价视为关键基石的原因不仅在于它促进向低碳经济的转型（"有所作为——减排"的代价最终比"不作为——付出损害代价"低），还在于它在能源和相关要素的选择上为企业和公民提供了灵活性，从而能更经济地达成目标。

如本研究证实的那样，这些政策均是就长期而言的，而长期下来，又能为实施细节的评估和精炼提供很好的依据。该理据证实，碳定价的两种形式不仅能实现预期减排，还能更经济地减排。

关于碳定价的一些叙述可采用这样一个古老格言来概括"如果某件事情太好以至于不真实，那么它可能就是不真实的"。当然，本研究中审视的那些经验没有反映出那种完美，而是反映出利用更好的设计，可以消除缺陷。碳定价当然不是一个乌托邦式的解决方案，相反，它更像一种符合实际的、合乎情理的解决方案。

参考资料和延伸阅读

Hedegaard, Connie, 2011, "Our Central Tool to Reduce Emissions," speech presented at the launch of Sandbag's report *Buckle Up! 2011 Environmental Outlook for the EU ETS*, European Parliament, Brussels, July 14.

National Academy of Sciences (NAS), 2010, *Limiting the Magnitude of Future Climate Change*, The Panel on Limiting the Future of Climate Change as part of the America's Climate Choices study (Washington: The National Academies Press).

Sterner, Thomas, and Bruno Turnheim, 2008, "Innovation and Diffusion of Environmental Techonology: Industrial NO_x Abatement in Sweden under Refunded Emission Payments," *Ecological Economics*, Vol.68, pp.2996-3006.

For more information on some of the carbon pricing programs discussed in this chapter, see the following:

Eu ETS：http://ec.europa.eu/clima/policies/ets/U.S. Regional Greenhouse Gas Initiative：www.rggi.org.

Australia´s carbon mitigation program：www.cleanenergyfuture.gov.au/cleanenergyfuture/our-plan.

For a discussion of the evidence on cost savings from emissions pricing programs over regulatory alternatives, see the following：

Tietenberg, Tom, 2006, *Emissions Trading: Principles and Practice*, 2nd ed.(Washington：Resources for the Future).

For evidence on the impact of emissions pricing on technological development, see the following：

Jaffe, Adam B., Richard G.Newell, and Robert N.Stavins, 2003, "Technological Change and the Environment"in *The Hanabook of Environmental Economics*, ed. by Karl-Göran Mäler and Jeffrey Vincent(Amsterdam：North-Holland).

For more on general carbon taxes and environmental tax reforms, see the following：

European Environment Agency, 2005, *Market-Based Instruments for Environmental Policy in Europe*, 69, No.8, http://reports.eea.europa.eu/technical_report_2005_8/en/EEA_technical_report_8_2005.pdf.

Sumner, Jenny, Lori Bird, and Hilary Dobos, 2011, "Carbon Taxes: A Review of Experience and Policy Design Considerations,"*Climate Policy*, Vol.11, pp.922-943.

↘ 技术术语和缩写词汇表

增量： 如果没有信用（或其他气候）项目就不会减少的碳排放量，那么由于实施此类项目而减少的碳排放量被称为增量。

植树造林： 将过去的耕地和废弃的农田退耕还林。

空气捕捉技术： 这些技术包括将空气渗入带有吸附剂的材料中，与二氧化碳产生化学反应后，再从吸附剂中分解出二氧化碳注入地下或进行其他处理。可以想象，如果这项技术在全球范围内推广使用（并投入公共资金），可以减缓大气层温室气体的累积，但是由于应用这种技术的成本较高，因此只适用于高变暖（high-warming）情境。

伴随碳捕捉和储藏产生的生物质（BECS）： 这是一种潜在的技术（尚未被证明），用于捕捉生物质与其他燃料燃烧后释放的二氧化碳。考虑到生物质的生长需要吸收大气中的二氧化碳，这项技术因此会减少排放。

金砖四国： 它是指四个经济体量较大的快速工业化国家：巴西、俄罗斯、印度和中国，金砖四国预计将在未来全球温室气体排放中占有较大比重。

英热单位（Btu）： 用于测量燃料热值的单位。

碳预算： 一国在一段较长时间（如10年）累积的最大允许碳排放量。

碳捕捉和储藏（CCS）： 这项技术（尚未被证明）用于从烟囱中分离二氧化碳，并通过管道输送到地下储藏点。

二氧化碳（CO_2）： 温室气体中最主要的物质。把 CO_2 的吨数除以3.67，即换算为碳的吨数。把每吨 CO_2 的价格乘以3.67，即换算成每吨碳的价格。

碳税： 对主要通过含碳的化石燃料燃烧所释放的二氧化碳进行课税的税种。碳税的税基是根据化石燃料——煤、石油和天然气的碳含量，这是一种最简单易形的行政管理办法。

二氧化碳当量：对于某一种气体的温室变暖潜能值指在较长时间里，该温室气体对应于相同效应的二氧化碳的变暖影响。

清洁发展机制（CDM）：根据该协议，发展中国家的减排项目可以获得一定的特许减排额度，以便出售给发达国家，使其能够实现京都议定书下的减排目标。

清洁能源标准：该政策要求使用清洁或相对清洁的燃料，以在减少发电部门的二氧化碳（实际上，该政策提供的燃料转换激励类似于实施每千瓦时的二氧化碳标准）。

共同但有区别的责任：这是联合国气候变化框架公约的基本准则之一，即要求发达经济体承担更多的减排成本（例如，资助发展中国家的减排项目），因为发达国家相对更加富裕，且应对历史上的温室气体累积负有主要责任。

可计算一般均衡模型：该模型针对所有经济部门，研究一个市场的变化是如何影响到其他市场、政府部门，以及劳动力供给和投资的（通常）选择。

缔约方会议（COP）：联合国气候变化框架公约的行政主体，通过年度会议做出决定以加快公约的实施。

额度交易：在总量控制与交易体系中，额度交易允许减排成本较高的企业购买减排成本较低的相对清洁的企业的额度。同样，在监管体系中，通过额度交易使得具有合规成本较高以至于无法达到排放（或其他）标准的企业，去购买达标企业的额度。

森林砍伐：对森林进行砍伐，主要发生在热带国家，并主要用于畜牧或种植。

贴现率：在本书中，贴现率主要指未来气候变化的危害对现在的影响。贴现率还有两种其他的提法：一种是描述性利率，即通过观察人们的实际行为（例如一段时间内储蓄或消费的决策，在风险较大和较小投资中的资金分配）；另一种是指令性利率，即基于决策者的判断，权衡子孙后代的利益与当前一代人的利益。

下游政策：该排放政策是针对固定排放源释放的二氧化碳（主要来自煤电厂等配套设施的烟囱排放）。

排放泄漏：它是指一国或地区排放量的下降导致其他地区排放量的增加。排放泄漏主要源自经济活动的转移，例如，受气候政策的影响，高耗能企业从能源价格不断上涨的国家搬离，或者源自价格的变化，例如，一些采取减缓行动的国家减少了能源需求，从而使得全球能源价格下降，但会导致另一些国家化石能源需求的增加。

排放标准：为生产能源或能源产品的生产者制定一个允许排放的标准。对于车辆而言，该标准是车辆平均每公里排放的二氧化碳；对于发电企业，是平均每千瓦时排放的二氧化碳。该标准允许跨企业、跨时间进行额度交易，这有助于控制政策成本。

排放交易体系或方案（ETS）：一个以市场为基础的减排政策。其覆盖的排放源应持有排放每吨二氧化碳或（在上游方案中）燃料中隐含的碳成分的额度。额度的总量是固定的，用于市场交易的排放价格由市场机制决定。额度拍卖成为政府收入的一个重要来源。

能源模型论坛（EMF）：该论坛位于斯坦福大学，这个论坛可用于讨论与能源和环境政策相关的模型结果。

平衡气候敏感度：该参数用于预测长期气候变化（如变暖），基于大气二氧化碳（当量）浓度比工业化前水平翻倍。

综合税制：该政策要求那些排放率（如每千瓦时二氧化碳）高于某"基点"的企业缴纳一定的费用，而对排放率在基点以下的企业提供相应的补贴。另外，综合税制还可以应用于能源消耗率（如，每千米耗油）而非排放率。综合税制是对排放（能源）标准定价的模拟，但无需通过额度交易（跨企业、跨时间段）控制政策成本。

固定价格：该政策通过向可再生能源生产者提供长期、价格固定的合约来加快对新能源技术的投资。

财政缓冲：在本书中，财政缓冲指对能源税或补贴的调整会抵消碳税的一些环境效用。这将有助于加强对国际碳税协定中财政缓冲的监管。

森林管理：在气候变化语境下，它特指能够影响森林中固碳量的管理措施。这些措施可能包括将耕地转化为林地、推迟木材砍伐、植树而非允许自然更替、通过林木疏伐和种植灌木丛以促进森林生长、防范森林火灾和其他一些干扰及施肥手段。

地球工程：该项目涉及（潜在的）技术应用，通过改变全球气候体系以应对气候变暖的影响。其中包括"太阳辐射管理"技术，通过向平流层发射反射物质，使射入的阳光发生偏转。地球工程技术虽然实施成本不高，但会招致严重的负面风险（例如，完全改变降水形式、地球变冷），也无法解决海水酸化问题。

亿吨：10亿（10^9）吨。

温室气体（GHG）：大气层中的一种气体，能够吸收射入的太阳光，但也能够将地球释放的热量吸收并储存。二氧化碳是最常见的温室气体。

绿色气候基金（GCF）：该组织将发达国家提供的资金转移到发展中国家，以帮助后者开展气候适应和减排项目。

综合评估模型（IAM）：该模型包括一个简化的气候系统模型和一个全球经济模型，用于预测减缓政策对未来温室气体浓度和温度的影响。

碳社会成本（SCC）跨部门工作小组：该小组成员来自美国主要行政部门，对监管分析中使用的碳社会成本进行持续评估。

政府间气候变化委员会（IPCC）：该委员会旨在评估与气候变化有关的科学、技术和社会经济领域信息。IPCC第五次评估报告将于2014年公布。

国际民航组织（ICAO）：联合国下辖的专门机构，主要目标包括提供安全、稳定、可持续和高效的全球民用航空服务，同时将航空的负面环境影响降到最低。

国际海事组织（IMO）：联合国下辖的另一个专门机构，主要目标是开发并维持一套制度框架，用于解决与国际航运相关的环境、安全和其他事宜。

京都气体：它是指《京都议定书》中要求强制减排的六种气体，包括二氧化碳（CO_2）、甲烷（CH_4）、一氧化二氮（N_2O）、六氟化硫（SF_6），以及两种混合气体氢氟烃（HFCs）和全氟碳化物（PFCs）。

京都议定书：根据此协定，37 "附件 1" 和发达国家承诺到 2012 年，CO_2 和其他五种温室气体的排放量比 1990 年减少 5%（中国不在协定内，而美国从未批准该协定）。

激光雷达（LIDAR）：它是指对森林体积进行测量的空中照相技术。

市场失灵：它是指私营部门本身不能做出的生产及消费决定，即使对社会有益。现在的市场失灵主要是由温室气体过度排放造成的，它们不会为自己对环境造成的破坏付出代价。但是，其他一些市场失灵，如对清洁技术投资不足（尽管碳被定价了），也应受到重视。

负排放技术：一种能让大气中温室气体浓度净减少的技术（例如 BECS、空气捕捉技术）。

补偿：一些国家或未受监管部门的温室气体排放量的下降，可以减少一个正式的气候减缓项目下的碳负债或排放许可。

过冲：在本书中，过冲是指大气中温室气体浓度暂时超过或在一些长期目标之上，但最终会回落到目标范围内。

百万分率（ppm）：它是用来测量大气中温室气体分子密度的容积单位。

辐射强迫：射入与逸出能量之间的差值叫作辐射强迫（瓦特每平方米）。辐射强迫的增加会导致全球变暖。辐射强迫会随着太阳射入辐射、大气中温室气体浓度（阻止逸出辐射）和悬浮颗粒一样的气溶胶（使入射辐射偏转）的改变而变化。

简化模型：它是用一种简化的表格来界定变量之间关系的一套等式。

减少滥砍滥伐和森林退化造成的碳排放（REDD）：这是一个致力于为森林碳储量创造金融价值的方案，激励发展中国家减少由于滥砍滥伐和林地退化排放的 CO_2。"REDD+" 行动更为深入，对森林保护和增加固碳的管理措施进行奖励。

可再生能源组合标准：此项规定设置了可再生能源在发电量中的最低比重，例如风能和太阳能。这些政策难以仅凭气候条件而实施，其他一些工具（如综合性碳税）则能够更加有效地在经济中发掘减排机会。

CO_2 租金：在本书中 CO_2 租金指每年为森林中的碳封存支付的租金。

S型增长函数：它用于描述林木生长/树龄的关系。树木生长随年龄增长而递增，达到峰值后便随年龄增长而递减。

碳的社会成本：它指某一特定年份，新增一吨 CO_2 排放对未来全球气候变化造成的危害（例如农业、人体健康）的净现值。该成本以货币为单位，通常反映为全球性危害（而不是特指某个国家）。

社会福利函数：在给定消费水平和其他因素下，如环境质量，社会福利函数代表人类幸福的函数。

联合国气候变化框架公约（UNFCCC）：这是一个于 1992 年地球峰会上签署的国际环境公约。公约的目的是稳定大气中的温室气体水平，避免出现"气候系统危险的干预"。条约本身对各国的排放量没有强制性要求，也没有强制实施机制。相反，它规定公约应设立强制性排放限制。

上游政策：在本书中是指一种应用于化石燃料进入经济循环时的排放定价政策（例如，精炼石油产品或煤矿口）。

↘ **编著者**

瓦伦蒂娜·波塞提

意大利马特艾基金会（FEEM）、欧洲–地中海气候变化研究中心（CMCC）

卡罗·卡拉罗

意大利威尼斯大学

鲁德·德穆伊

国际货币基金组织财政事务部

罗伯特·吉林汉姆

独立咨询顾问，曾在国际货币基金组织财政事务部工作

查尔斯·格里菲斯

美国环境保护署国家环境经济中心

迈克尔·基恩

国际货币基金组织财政事务部

伊丽莎白·科皮兹

美国环境保护署国家环境经济中心

艾伦·克鲁普尼克

美国华盛顿未来资源研究所

阿列克斯·马腾

美国环境保护署国家环境经济中心

罗伯特·曼德尔森

美国康奈迪克州耶鲁大学

克里斯·摩尔

美国环境保护署国家环境经济中心

史蒂夫·纽博尔德

美国环境保护署国家环境经济中心

谢尔盖·帕利采夫

美国麻省理工学院

伊恩·帕里

国际货币基金组织财政事务部

里克·冯·德普勒格

英国牛津大学

约翰·雷利

美国麻省理工学院

罗杰·塞迪奥

美国华盛顿未来资源研究所

布伦特·索根

美国俄亥俄州立大学

汤姆·泰坦伯格

美国缅因州科尔比学院

罗伯顿·威廉姆斯

美国马里兰大学和未来资源研究所

安·沃尔弗顿

美国环境保护署国家环境经济中心